MEDIUNIDADE E CAMINHO

MEDIUNIDADE E CAMINHO

Carlos A. Baccelli – Odilon Fernandes

Capa:
CLÁUDIO DE OLIVEIRA SANTOS

2ª edição – 16º ao 20º milheiro – julho/1993

INSTITUTO DE DIFUSÃO ESPÍRITA
Av. Otto Barreto, 1067 - Caixa Postal 110
Fone: (0195) 41-0077 - CEP 13600-000 - Araras
Estado de São Paulo - Brasil
C.G.C. (MF) 44.220.101/0001-43
Inscrição Estadual 182.010.405.118

FICHA CATALOGRÁFICA

(Preparada na Editora)

Baccelli, Carlos, A., 1952-

B116m Mediunidade e Caminho / Carlos A. Baccelli, Espírito de Odilon Fernandes. Araras, SP, IDE, 2ª edição, 1993.

112 p.: il.

1. Espiritismo 2. Mediunidade 3. Psicografia I. Fernandes, Odilon II. Título.

CDD-133.9
-133.91

Índices para catálogo sistemático:

1. Espiritismo 133.9
2. Mediunidade: Espiritismo 133.91
3. Psicografia: Espiritismo 133.91

ÍNDICE

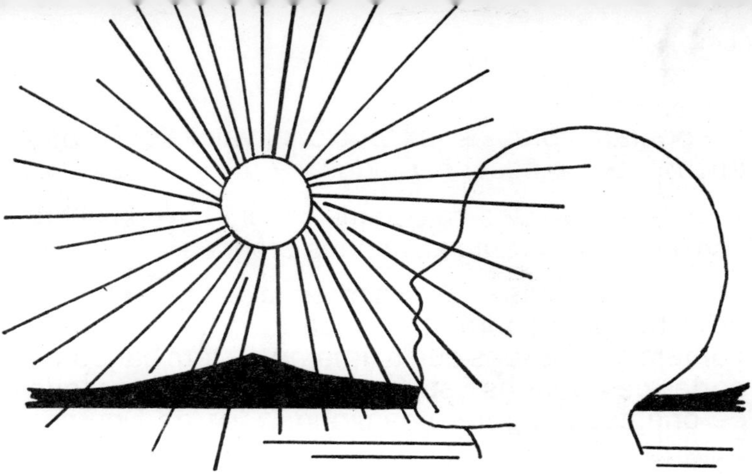

MEDIUNIDADE E CAMINHO

Logo após o lançamento do livro *Mediunidade e Doutrina*, vários companheiros da Terra solicitaram-me que, quando possível, continuasse a escrever sobre alguns tópicos de *O Livro dos Médiuns*.

Refletindo sobre a sugestão que me fora feita, e tendo mesmo consultado os Espíritos Amigos a respeito, comecei a coligir anotações variadas em torno do tema que, na verdade, sempre me empolgou.

Por saber que o estudo da mediunidade é tão vasto quanto complexo, longe de mim a pretensão de esgotar o assunto ou de ditar normas comportamentais aos companheiros que se entregam à pratica mediúnica.

A minha, é uma colaboração singela entre as tantas existentes na rica bibliografia espírita, onde despontam obras de excepcional valor de autores encarnados e desencarnados.

Se existe algo de que me encontro plenamente consciente é quanto às minhas próprias limitações!

Se, por outro lado, animei-me a apresentar um novo trabalho sobre mediunidade, é que o grande número de pessoas que ultimamente tem batido às portas dos Centros Espíritas, revela-se necessitado de orientações para o caminho, à luz da Doutrina Espírita.

Por isto, este livro simples.

Simples de se ler e simples de se entender.

Vários temas aqui desenvolvidos, propositadamente são abordados com relativa superficialidade, convidando os leitores para que se animem à consulta de outras obras específicas.

Digo-lhes que as páginas aqui inseridas constituem o resultado de demoradas reflexões e observações no próprio campo da mediunidade, valendo-me, para tanto, de experiências colhidas no corpo físico e fora dele.

Sobretudo, procurei registrar nestas linhas o que já se sabe, mas o que ainda não se tinha escrito assim de forma tão direta!

Espero que os companheiros mais eruditos relevem-me as falhas, levando em conta as dificuldades a serem vencidas entre um Espírito e um médium que, juntos, se não têm feito o que devem, pelo menos têm procurado fazer o que podem, na expectativa salutar de que outros Espíritos e outros médiuns, sinceramente, consigam fazer mais e melhor.

Agradecendo ao Senhor por esta feliz oportunidade, sou o servidor e irmão de ideal sempre reconhecido,

ODILON FERNANDES

Uberaba, 1º - janeiro-1991

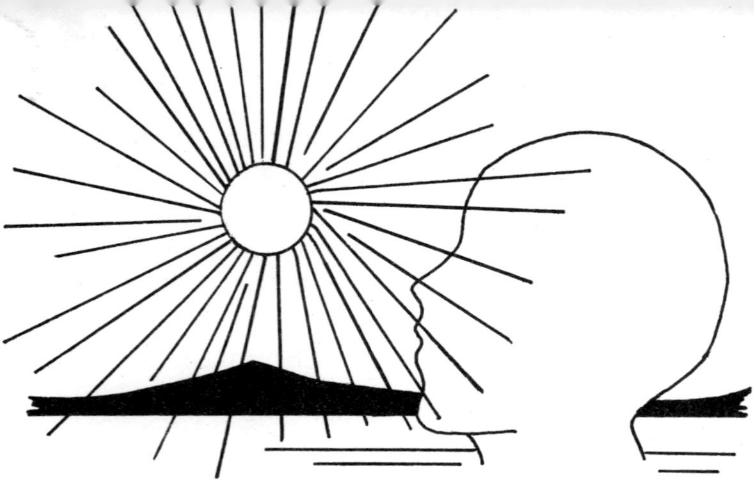

I – DISCUSSÃO ESPÍRITA

"A existência da alma e a de Deus, que são a conseqüência uma da outra, sendo a base de todo o edifício, antes de iniciar alguma discussão espírita, importa se assegurar de que o interlocutor admite essa base."- (O Livro dos Médiuns - *Allan Kardec - IDE - Primeira Parte - Cap. I)*

Não é tarefa do médium polemizar, fomentando discussões estéreis.

Intermediário entre os dois Planos da Vida, não lhe cabe impor o seu modo de crer a quem quer que seja, mesmo porque a fé é uma conquista individual.

O médium, digamos, estaria na condição de um artista que expõe à opinião pública a sua obra de arte, sem que, na maioria das vezes, ele próprio saiba explicar os detalhes de sua concepção.

Evidentemente, o médium não deve ter a pretensão de ser acreditado por todos.

Em outras palavras, diríamos que lhe cabe fornecer "material de discussão" em torno da vida e da morte, e não envolver-se em contendas que o desviariam de sua tarefa fundamental.

Ele não deve advogar em causa própria, como se estivesse ferrenhamente interessado em defender a autoridade dos fenômenos produzidos por seu intermédio.

Se assim agisse, ele estaria, no mínimo, faltando com a humildade necessária aos medianeiros bem intencionados.

Existem médiuns que querem colocar a Doutrina a serviço de suas faculdades mediúnicas, e não o contrário como deve ser.

Fazem da mediunidade um trampolim para as suas vaidades pessoais, embora se esforcem para aparentar que são simples...

O médium, quando age com sinceridade, não receia a crítica, recebendo-a na condição do aprendiz que deseja aprimorar-se valendo-se das observações que lhe são transmitidas.

Tanto quanto possível, o médium, consciente de suas responsabilidades com o Cristo, deve esquivar-se de demonstrações públicas de seus dons medianímicos.

É lamentável o medianeiro que aceita, com freqüência, aparecer em programas de televisão, quase sempre tendenciosos, na vã tentativa de convencer os que confessam incrédulos... Lamentável porque, expondo-se ao ridículo diante das câmaras, acabam por, se possível fora, ridicularizar a Doutrina, da qual se fazem despreparados divulgadores. Referimo-nos aqui a quantos se propõem a curar nos palcos dos teatros, e não aqueles que, corajosamente, enfrentam platéias imensas para dialogar em torno da filosofia espírita, esmerando-se por difundi-la nos padrões estabelecidos pelo Codificador.

O Espiritismo, no momento justo, triunfará, mais pelo exemplo do que pelas palavras de seus profitentes.

É em silêncio que a Doutrina tem se propagado de forma extraordinária!

A Verdade não precisa de estardalhaços para se estabelecer.

Que o médium, portanto, não se melindre, quando o seu trabalho for questionado.

Persevere na tarefa a que se consagra porque, se estiver com a razão, o tempo se encarregará de calar os seus opositores e a própria obra que executa haverá de sustentá-lo.

O médium sem cobertura doutrinária ou sem a retaguarda de um serviço assistencial que possa garanti-lo, dificilmente se desincumbe do seu dever com o êxito desejado.

Em suas atividades "domésticas", ou seja, no

próprio grupo a que se encontre vinculado, o médium poderá fazer muito pela Causa que abraçou, sem que necessite entristecer-se porque não pode fazer mais...

Que ele trate de fortalecer-se para as futuras tarefas, dentro do quadro das encarnações porvindouras quando, então, dependendo hoje do seu desempenho nas pequeninas tarefas, será naturalmente chamado a obrigações de maior envergadura espiritual.

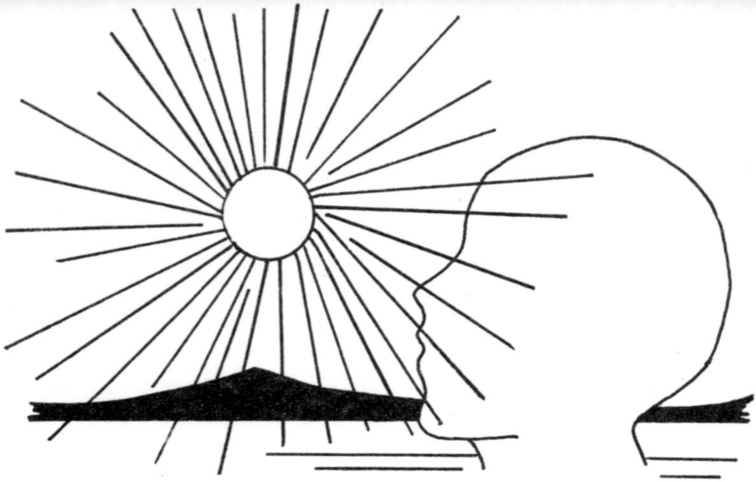

II – ESPIRITISMO E CIÊNCIA

"Toda ciência não se adquire senão com tempo e estudo; ora, o Espiritismo, que toca nas mais graves questões da filosofia, a todas as ramificações da ordem social, que abarca, ao mesmo tempo, o homem físico e o homem moral, é, ele próprio, toda uma ciência, toda uma filosofia que não pode ser apreendida em algumas horas, como todas as outras ciências..."- (O Livro dos Médiuns - *Primeira Parte - Cap. II)*

O Espiritismo é, de fato, uma tríplice aliança constituída entre a Ciência, a Filosofia e a Religião.

Não se pode falar, separadamente, de um Espiritismo científico ou de um Espiritismo religioso.

O seu corpo doutrinário é uno e indivisível, como una e indivisível é a Verdade.

Ninguém pode se gabar de possuir todo o conhecimento espírita.

Sendo dinâmica, a Doutrina evolui a cada dia, conservando, entretanto, a sua própria identidade.

O médium, se pode precisar a data em que iniciou o seu processo de desenvolvimento mediúnico, nada sabe dizer com referência ao seu término.

Assim como os sentidos do corpo físico vão se aperfeiçoando, a mediunidade, que é uma percepção espiritual, vai se abrindo a pouco e pouco, semelhantemente a uma flor que desabrocha pétala a pétala...

Tanto evolui o médium, quanto evolui o Espírito. Evoluindo ambos, ampliando os seus conhecimentos e emoções, o fenômeno se sublima.

O Cristo, que para todos nós, encarnados e desencarnados, em tudo é sempre o Modelo, é também na mediunidade o nosso Exemplo Maior. A sua identidade com Deus era tal que lhe permitiu afirmar: "Eu e o Pai somos um."

Ao dizer-nos: "Vós sois deuses", Jesus conscientizou-nos quanto às possibilidades divinas que nos cabem por herança natural na condição de criaturas do Criador.

O médium não deve se acreditar portador de um dom que lhe faça um ser privilegiado ante os demais. Ao contrário, deve ele se considerar investido de uma responsabilidade maior, estudando e trabalhando com mais afinco na multiplicação dos talentos adquiridos.

Aproveitando o ensejo que o tópico de *O Livro dos Médiuns* nos oferece, gostaríamos ainda de dizer algo em torno da ciência espírita.

Há quem reclame maiores pesquisas científicas em torno da mediunidade, como se devêssemos transformar os Centro Espíritas em laboratórios iguais aos da Idade Medieval, quando os pioneiros da ciência contemporânea pagaram com a vida a sua ousadia intelectual.

Os espíritas devem estar informados de que o Espiritismo não tem a obrigação de provar nada!

Que a Ciência pesquise os fenômenos mediúnicos, como o fez Freud em suas investigações psicológicas. Todavia, desejamos que os cientistas de hoje, exclusivamente comprometido com a Verdade, não se deixem tolher por preconceitos de caráter religioso – este, em todos os tempos, o maior entrave ao progresso espiritual da Humanidade!

Louvável o esforço dos companheiros de ideal que, quase em completo anonimato, aventuram-se no campo da pesquisa espírita, notadamente nas experiências de regressão da memória, no intuito de provar ao mundo a tese reencarnacionista, na qual eles próprios crêem sem necessidade de outras provas que não sejam as fornecidas pela lógica... Entretanto, muitos William Crookes precisarão ainda surgir com a mesma respeitabilidade do grande investigador inglês para que os homens aceitem a veracidade do fatos espíritas!

O muro do cepticismo edificado pela Ciência, por suas próprias mãos deverá ruir!

Aguardemos o tempo, estudando, trabalhando e dando, na condição de médiuns, o testemunho que nos é devido.

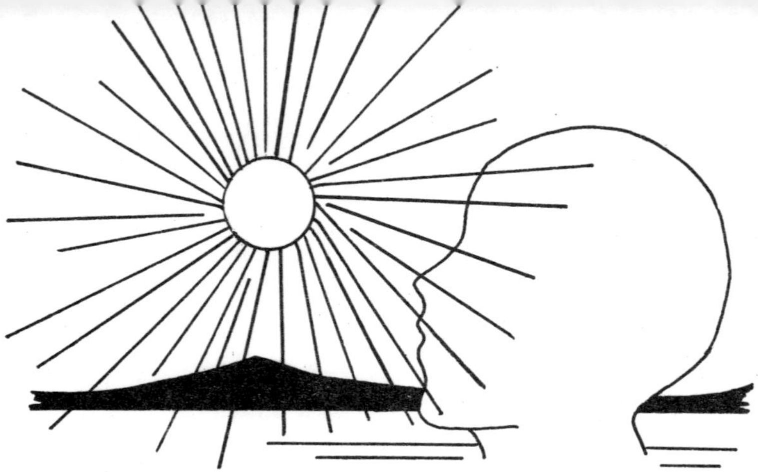

III – MÉDIUNS ANÔNIMOS

"... ao Espiritismo verdadeiro não se porá jamais em espetáculo, e jamais subirá ao palco." - (O Livro dos Médiuns - *Primeira Parte - Cap. III)*

O texto de Allan Kardec que nos propomos estudar, nos faz recordar aqui dos mártires cristãos que, anonimamente, pereceram nos circos romanos por amor ao Evangelho. Os nomes de muitos deles ficaram registrados nas páginas da História, no entanto, os nomes da maioria apenas permanecem registrados nos anais do Mundo Espiritual.

Seguindo a mesma linha de raciocínio, recordamo-nos ainda dos medianeiros anônimos que cooperaram com Kardec na obra ciclópica da Codificação... Quase ninguém conhece o nome de quantos se fizeram intérpretes das páginas que constituem o chamado "pentateuco kardeciano";

samaritanos da mediunidade, foram eles, entretanto, que possibilitaram o abençoado trabalho que, no século passado, deu início na Terra à Era do Espírito.

Compreensível que alguns companheiros da mediunidade sejam chamados, digamos, ao testemunho público de suas faculdades, no intuito de difundir a crença na imortalidade da alma e a possibilidade do intercâmbio espiritual com as mais variadas dimensões da Vida...

Compreensível, e até digno de reconhecimento, o sacrifício de alguns irmãos, mártires da mediunidade com Jesus, que comparecem perante grandes assembléias a fim de serem argüídos quanto à Doutrina que, de uma forma ou de outra, representam...

Evidentemente, a luz não deve permanecer sob o alqueire...

Na mediunidade, há de haver alguém com a tarefa de levar a Nova Revelação aos gentios dos tempos modernos...

Todavia, torna-se-nos um dever de consciência registrar aqui o valoroso trabalho de quantos labutam em silêncio na gleba da mediunidade, cultivando o solo com o suor da boa vontade e a lágrima da renúncia, para que nele vejam florescer as sementes lançadas pelo Divino Pomicultor de nossas almas.

Sim, o que seria do Espiritismo sem o concurso de milhares de medianeiros anônimos que, ocultando a própria grandeza espiritual, servem aos propósitos do Cristo na Terra?!...

Quem são estes aos quais nos reportamos?!

São os médiuns passistas que, anos a fio, perseveram no socorro aos doentes de todos os matizes, impondo as mãos sobre a fronte dos tristes e desesperançados, fazendo-se vivos canais dos recursos que dos Céus descem à Terra;

são os médiuns de incorporação ou psicofonia que, de suas cadeiras singelas em torno de uma mesa de desobsessão, emprestam voz e sentimento, idéia e calor humano aos Espíritos que, não raro, sequer têm consciência da própria desencarnação;

são os oradores do Evangelho Redivivo que, fiéis ao compromisso assumido, comentam com beleza e simplicidade para diminutas platéias as lições que enriquecem a vida;

são os médiuns de "materialização" da bondade, no prato de sopa que distribuem aos famintos, na roupa que cosem para os nús, na visita aos que se encontram encarcerados pelos equívocos que cometeram, no copo de água pura aos sedentos de esperança, no sorriso à criança sem carinho, na palavra de orientação e encorajamento aos jovens que peregrinam sem rumo na estrada da ilusão;

são os médiuns que escrevem páginas brilhantes sem que, no entanto, tenham oportunidade de publicá-las;

são os médiuns que ouvem as vozes dos que empreenderam a Grande Viagem e retornaram, dizendo aos familiares e amigos que eles não morreram;

são os médiuns que "sonham" e, quando voltam ao estado de vigília, dão notícias das excursões espirituais que realizaram, alicerçando a fé no coração de quantos lhes escutam o sincero depoimento...

Foi, talvez, pensando nesses medianeiros anônimos, que não buscam outra notoriedade que não seja a honra de servir, que Allan Kardec escreveu: *"...ao Espiritismo verdadeiro não se porá jamais em espetáculo, e jamais subirá ao palco."*

Se, hoje, a árvore da Doutrina Espírita, plantada no século passado, se mostra vigorosa, estendendo os seus galhos frutíferos à Humanidade faminta, é graças a esses milhares de médiuns que, ao lado de uma falange de companheiros desencarnados, garantem-lhes a vitalidade na condição de anônimas raízes.

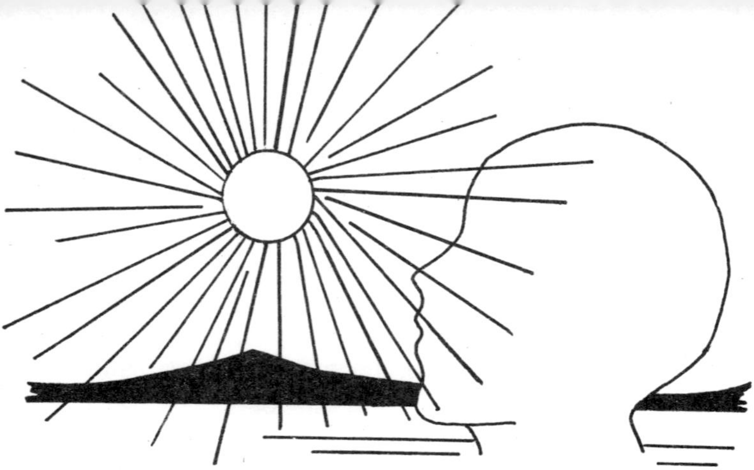

IV - ESPONTANEIDADE MEDIÚNICA

> *"... a espontaneidade do pensamento manifestado fora de toda a expectativa, de toda pergunta proposta, não permite ver nele um reflexo do pensamento dos assistentes."* - (O Livro dos Médiuns - *Primeira Parte - Cap. VI)*

Há quem diga que os médiuns não passam de telepatas bem desenvolvidos, capazes de captar o pensamento dos próprios encarnados que lhes buscam o concurso na obtenção de orientações e mensagens.

A telepatia, ou "telegrafia humana", é um fato incontestável. Diríamos mesmo que, o que se passa entre o médium e o Espírito no instante do transe nada mais é do que um fenômeno telepático, mais ou menos profundo. Isto para as comunicações ditas *intelectuais.*

Que o pensamento se propaga no éter, através dos "fluidos teledinâmicos", os Espíritos Superiores esclareceram Allan Kardec...

No entanto, afirmar que os médiuns são capazes de "ler" no subconsciente das pessoas as informações que transmitem nas mensagens psicográficas ou psicofônicas é, no mínimo, ignorar o assunto sobre o qual se opina.

Em quase todo comunicado de além-túmulo, existe a espontaneidade dessa ou daquela informação que merece estudos mais detalhados.

Evidentemente que nem todos os médiuns se prestam, por exemplo, à recepção de nomes e/ou datas nas páginas de que se fazem intérpretes. Precisamos reconhecer nisto uma "especialização", ou predisposição da "memória mediúnica" passível de ser desenvolvida com o cultivo da própria mediunidade.

O mesmo poderíamos dizer à respeito da caligrafia ou da voz do Espírito comunicante. Nem todos os medianeiros se encontram aptos para reproduzir, com a finalidade desejada, a letra do Espírito que escreve ou a voz do Espírito que fala.

Avançando um tanto mais, diríamos que são raros os médiuns através dos quais os Espíritos, que redigem cartas aos familiares na Terra, conseguem assinar o nome com a sua própria caligrafia... Sobre este fenômeno, em linhas gerais, o que ocorre é o seguinte: no corpo da mensagem psicografada, há uma mistura entre o psiquismo do Espírito e o psiquismo do médium; normalmente, a letra é de responsabilidade do "aparelho mediúnico"... Entretanto, para efeito de maior identificação junto aos familiares e amigos, quase sempre, ao assinar o seu comunicado o Espírito o faz de "próprio punho"; ou seja, ele envia "clichês mentais" à mente do médium que, "fotografando" instantaneamente a assinatura do Espírito, deixa que a sua mão a reproduza quase que letra a letra...

Onde estaria a telepatia neste caso se, não raro, nem mesmo os familiares conseguem, após exaustivos treinos, copiar a assinatura dos que amaram no mundo?!

Quanto, especificamente, à espontaneidade do pensamento do Espírito comunicante, devemos ainda considerar que quase sempre as suas idéias entram em conflito com as dos destinatários encarnados, havendo, inclusive, os que não aceitam a autenticidade do comunicado porque ele não veio conforme se esperava que viesse...

Os homens não levam em consideração que, livres do corpo, os Espíritos alteram os seus pontos de vista sobre muitos assuntos da vida terrestre, embora neste caso, como em outros, não possamos generalizar.

No inicio de suas investigações, Allan Kardec conta que não aceitava a idéia da reencarnação que lhe fora proposta pelos Espíritos...

Somente a pouco e pouco, estudando com os Espíritos, é que o Codificador se convenceu da verdade reencarnacionista.

Como vemos, são inúmeros os obstáculos a serem removidos pelo Espírito interessado no intercâmbio mediúnico. Além de conseguir expressar-se pelo médium, ele enfrenta as exigências familiares que, na maioria das vezes, não lhe dão o direito de, mudando de Plano, mudar igualmente o seu modo de encarar a vida.

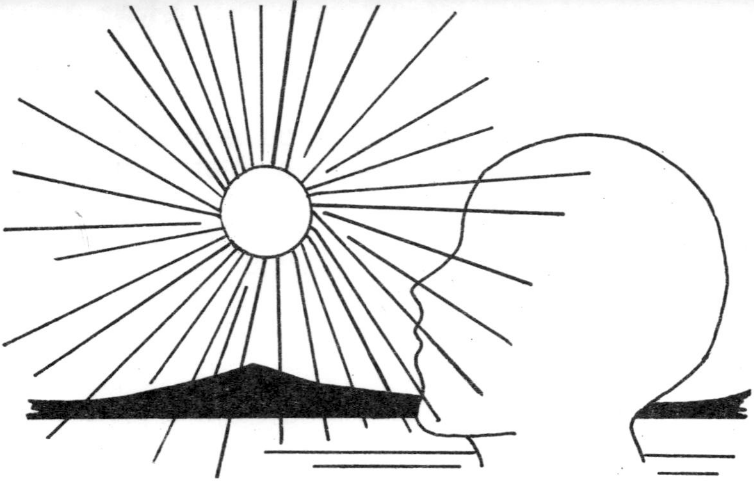

V - MÉDIUNS VIDENTES

"O Espírito encarnado no corpo constitui a alma; quando o deixa, na morte, não sai despojado de todo o envoltório. Todos nos dizem que conservam a forma humana e, com efeito, quanto nos aparecem é sob aquela que nós os conhecemos." - (O Livro dos Médiuns - *Segunda Parte - Cap. I)*

Os médiuns videntes são raros de ser encontrados, principalmente médiuns videntes confiáveis.

Não existem dois médiuns videntes que descrevam, de idêntica maneira, o mesmo quadro espiritual que contemplam.

É natural que seja assim.

A percepção mediúnica pela vidência depende da vida mental a que o médium se consagra.

O médium vidente não é aquele que enxerga os Espíritos com os olhos físicos, mas com os olhos da alma.

O Espírito quando deseja identificar-se junto a um médium vidente, mostra-se como possa ser reconhecido. O perispírito é suscetível de plasmar-se ao influxo mental do Espírito adestrado em semelhante mister.

Diante dos apóstolos, Jesus materializou-se e, portanto, todos eles puderam vê-lo da mesma forma, inclusive com as chagas que Tomé tocou...

Perante o doutor Saulo de Tarso, no deserto de Damasco, Jesus apareceu-lhe em Espírito na visão de uma luz mais resplandecente que a do Sol, e nem assim os seus companheiros de viagem algo perceberam...

O Espírito, à medida que se aperfeiçoa, vai perdendo a sua forma humana que, a bem da verdade, ainda se constitui para nós numa limitação.

Este assunto foi tratado por Kardec com muita propriedade na obra basilar da Codificação, quando estuda a forma e a ubiqüidade dos Espíritos.

Sem desejar excitar-lhes a imaginação, dizemo-lhes que os Espíritos mais depurados não possuem uma forma definida... Os que se imantam às regiões espirituais próximas à Terra, têm, relativamente, um corpo mais grosseiro do que o corpo físico. O perispírito retrata-lhes por fora o que ainda são por dentro. Existem Espíritos que, não conseguindo sustentar a forma humana, tomam a forma de animais e répteis e, às vezes, é nesta triste condição que surgem à vidência dos médiuns que se estarrecem.

Por mais absurdo o quadro espiritual que lhes seja descrito pela vidência de um médium, convém analisá-lo antes de, sistematicamente, acreditá-lo fruto de um delírio qualquer.

Os alcoólatras, em seus delírios, tendo a própria percepção visual dilatada, vêm em torno de si os obsessores em forma de animais a atormentá-los...

Não raro, os que são perseguidos por animais nos chamados *pesadelos,* o são por Espíritos inimigos que, voluntariamente ou não, assim se ocultam sob horrendos *facies...*

Somente quando o homem estiver mais espiritualizado, é que a faculdade mediúnica da vidência se lhe desenvolverá da maneira mais ampla e constante. Até lá, ser-lhe-á dado apenas contemplar, esporadicamente, os quadros da Vida Espiritual e, mesmo assim, dentro de certas limitações.

Semelhante providência é em seu próprio benefício, porquanto, se de um momento para o outro, o médium começasse a vislumbrar a vida nas outras dimensões da Vida ele, com certeza, enlouqueceria.

Que os médiuns videntes, pois, não queiram ver por agora mais do que já conseguem ver, esmerando-se em olhar mais para o seu interior, no intuito de acender dentro de si mesmos a luz do discernimento, que lhes permita enxergar com clareza o caminho a ser percorrido.

Os médiuns que buscam estar em *evidência* utilizando-se da *vidência,* enceguecidos pelo personalismo e pela vaidade, contradizem-se com espantosa freqüência.

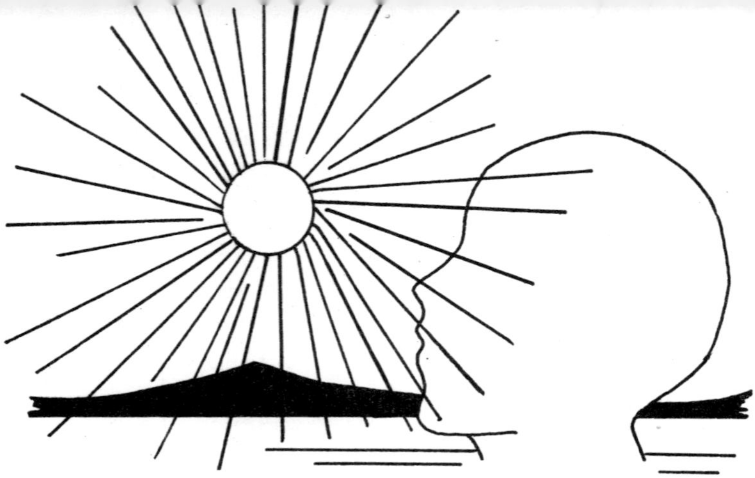

VI – A REUNIÃO MEDIÚNICA

"A única prescrição, rigorosamente obrigatória, é o recolhimento, um silêncio absoluto, e, sobretudo, a paciência se o efeito se faz esperar." - (O Livro dos Médiuns - *Segunda Parte - Cap. II)*

O que Allan Kardec escreveu em *O Livro dos Médiuns* no capítulo referente às "Manifestações Físicas - Mesas Girantes", serve igualmente de orientação para as reuniões mediúnicas em geral.

Uma reunião mediúnica não se improvisa. A sua estruturação é obra do tempo.

Não basta quantidade para que uma reunião mediúnica aconteça; é imprescindível *qualidade.*

Os companheiros interessados em organizar uma reunião de desobsessão na casa espírita, devem, no mínimo, estudar durante um ano e vincularem-se a uma tarefa de natureza assistencial.

Antes de reunirem-se, devem unirem-se!

Antes do intercâmbio efetivo com os Espíritos, devem aprender a relacionarem-se fraternalmente uns com os outros.

Uma reunião mediúnica de desobsessão é dos compromissos mais sérios que possamos abraçar na Doutrina Espírita.

Os médiuns integrantes dela, são chamados ao serviços da *enfermagem espiritual* e, para tanto, devem estar adequadamente habilitados à tarefa.

Em mediunidade, a disciplina é a base do equilíbrio na garantia do êxito desejado.

Médium que falta em demasia ao compromisso da reunião deve, numa primeira etapa, ser fraternalmente alertado pelo dirigente da mesma e, numa segunda etapa, persistindo nas faltas injustificáveis, deve ser fraternalmente afastado.

Quando houver necessidade, para que o grupo não se torne excessivamente numeroso, em face da mediunidade generalizar-se entre os homens como vem se generalizando nos últimos tempos, o dirigente poderá organizar uma segunda reunião mediúnica no templo espírita com outros participantes. Todavia, ainda aqui o que importa não é a quantidade de reuniões, mas, sim, a qualidade das mesmas.

Embora cada médium integrante do grupo mediúnico tenha o seu interesse e aplicação, a evolução do grupo como um todo vai depender da homogeneidade de seus participantes.

É bom que os companheiros vinculados a uma reunião de desobsessão não exijam dela o que eles próprios não lhe oferecem.

A reunião mediúnica será tão mais proveitosa aos Espíritos desencarnados e aos próprios médiuns, quanto maior for o interesse destes últimos por ela.

Se a reunião parece cair na *rotina*, que os seus integrantes não se desanimem e nem se decepcionem.

Quem vai a uma reunião de intercâmbio espiritual aguardando dos Espíritos manifestações retumbantes, deve ir tratando de modificar os seus pensamentos.

Reunião de desobsessão é exercício de renúncia e de sacrifício, de amor e de fé, tanto da parte dos Espíritos quanto dos médiuns.

O recinto da reunião é comparável à enfermaria de um hospital, onde os doentes, uns mais e outros menos graves, aguardam o momento de serem socorridos.

Complicadas cirurgias de natureza psíquica são aí levadas a efeito... "Corpos ovóides" são desligados dos cérebros encarnados a que se imantam; estranhas simbioses mentais são desfeitas lentamente; processos obsessivos de longo curso são tratados semana após semana; tramas terríveis são combatidas discretamente...

Uma reunião mediúnica começante é, sem dúvida, uma semente promissora, entretanto, os seus participantes não devem se esquecer de que somente com o tempo colherão dela os melhores frutos.

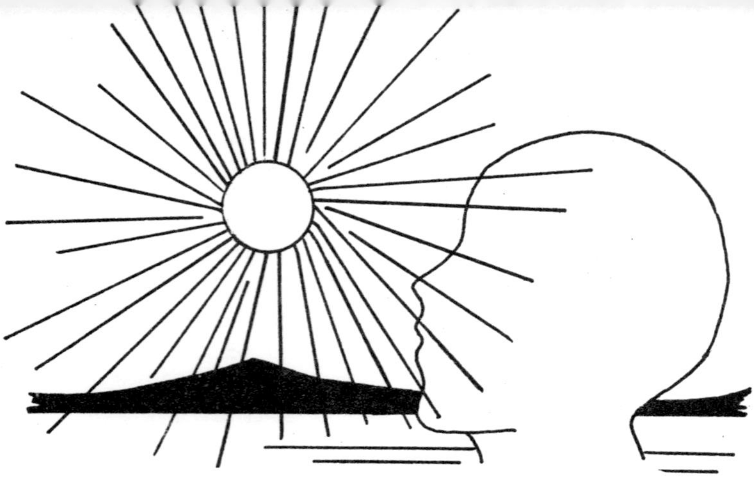

VII – A EVOLUÇÃO DO PROCESSO MEDIÚNICO

"Aperfeiçoou-se a arte de comunicar por pancadas alfabéticas, mas o meio era sempre muito demorado; entretanto, se obtiveram comunicações de uma certa extensão, assim como interessantes revelações sobre o mundo dos Espíritos. Estes indicaram outros meios e é a eles que se deve o das comunicações escritas." - (O Livro dos Médiuns - *Segunda Parte - Cap. III*)

Das "mesas girantes" nos aristocráticos salões parisienses, os Espíritos passaram a comunicar-se com os homens através da *tiptologia*, ou linguagem das pancadas.

De fato, o método era extremamente moroso e rudimentar.

Um grande passo foi dado quando o lápis,

adaptado a uma cesta de vime, movia-se sem o contato direto do médium. Bastava que o médium, dotado da faculdade de efeitos físicos, impusesse as mãos sobre a cesta para que ela se movimentasse...

Num estágio seguinte, dispensada a cesta de vime, os médiuns psicógrafos passaram, sob o impulso dos Espíritos,a sustentar o lápis com as suas próprias mãos facilitando imensamente o intercâmbio espiritual.

É através da psicografia que têm sido escritas a maioria das obras mediúnicas, tendo este tipo de mediunidade proliferado de forma extraordinária.

Os Espíritos têm se utilizado de todos os recursos ao seu alcance para se fazerem sentir entre os homens.

Hoje são inúmeros os médiuns que pintam com as mãos e com os pés, quando os grandes artistas do pincel e da paleta deixam na tela a marca de sua genialidade imortal!

Outros medianeiros, ao piano ou violão, fazem-se os intérpretes de musicistas famosos que, retornando das sombras da morte, exaltam a luz da Vida!

Se, no entanto, as "mesas girantes" e a cesta de vime reviveram, de certa forma, os métodos arcaicos de comunicação dos gregos com os "mortos" no período homérico, com as sacerdotisas de Apolo assentadas sobre tripés de bronze, a mediunidade, atualmente, vem conquistando o mundo da eletrônica...

Poderíamos dizer que a mediunidade, a breve tempo, penetrará igualmente a era do computador!

Os Espíritos far-se-ão sentir através de aparelhagem eletrônica ultra-sensível, chegando ser possível captar-lhes a imagem nas telas de televisão. Isto já vem acontecendo no Mundo Espíritual nas comunicações entre os Espíritos que habitam diferentes dimensões.

Temos por aqui aparelhos que nos permitem registrar imagem e voz de companheiros que , de outras faixas evolutivas, entram em contato conosco.

Na Terra, os aparelhos eletrônicos da atualidade, que captam imagens e sons do Plano Espiritual, nada mais são do que uma pálida idéia dos instrumentos que, no futuro, estarão à disposição dos homens para comunicarem-se com os "mortos"; isto se a Humanidade não lançar-se a uma guerra cujas conseqüências ninguém será capaz de prever...

No entanto, por maiores sejam as evoluções no campo da *transcomunicação psicoinstrumental,* não há computador algum que seja capaz de substituir a presença do médium para a obtenção do fenômeno, como não existe máquina alguma capaz de substituir o homem.

O que seria da televisão sem operadores de

câmara, do rádio sem locutores e do computador sem programadores?!...

O Espírito comunicante jamais dispensará o concurso do medianeiro pelo qual se expresse.

As próprias vozes captadas por gravadores, nas experiências de um Von Szalay e de um Raudive, não prescindem da co-participação de um médium.

Sem Moisés, as tábuas da Lei não poderiam ser escritas no Monte Sinai...

A evolução do processo mediúnico é inevitável, todavia seria ingenuidade pensar que o médium, por falta de função, chegasse a ser, um dia, dispensado dele.

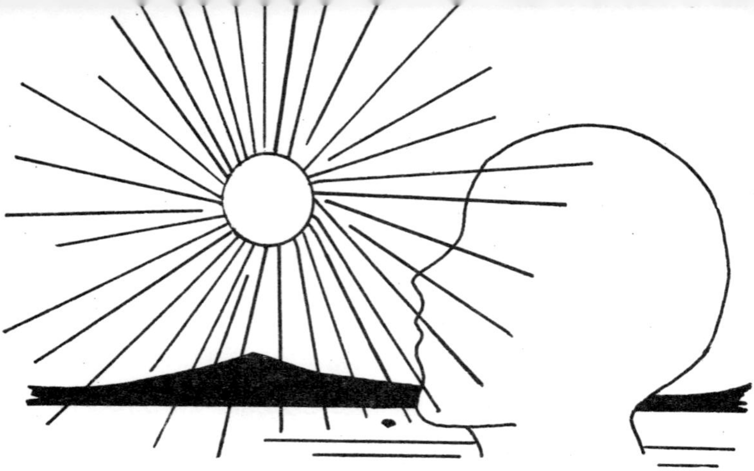

VIII – OS SONHOS E A MEDIUNIDADE

> *"25. Todo mundo está apto para ver os Espíritos?*
>
> *No sono sim, mas não no estado de vigília. No sono, a alma vê sem intermediários; na vigília é sempre mais ou menos influenciada pelos órgãos; por isso, as condições não são sempre as mesmas."* - (O Livro dos Médiuns - *Segunda Parte - Cap. VI)*

O *sonho* é uma mediunidade em estado embrionário que está, lentamente, se desenvolvendo no homem.

Livre do corpo denso, pelas portas do sono, a alma adentra o Mundo Espiritual, vivendo ali as mais variadas experiências.

Evidentemente, a maioria dos sonhos pode ser atribuída a um estado de superexcitação da mente. Não vamos nos deter no exame desta questão.

Desejamos, aqui, única e exclusivamente falar do desdobramento espiritual genuíno em que a alma, embora permaneça ligada ao corpo somático, vivencia experiências em outros domínios vibratórios.

Durante o *sonho,* a alma entra em contato com Espíritos encarnados e desencarnados, de cujas feições e afeições pode recordar-se ou não, dependendo de seu grau de lucidez no instante em que se processa a emancipação.

São muitos os Espíritos obsessores que esperam o momento do sono, para melhor perseguirem as suas vítimas nas estradas do Plano Espíritual... Quando no corpo, a alma como que se oculta, numa "gruta", da influência desses Espíritos vingativos... É por isto que muita gente, no meio da noite, acorda sobressaltada no corpo, com a nítida impressão de que estava sendo perseguida por uma ou por mais pessoas...

Mas por que o *sonho* é uma manifestação mediúnica?

Quando retorna ao estado de vigília, o Espírito encarnado, embora nem sempre se recorde de maneira detalhada da excursão espiritual empreendida, retém consigo lembranças que são úteis tanto a si quanto aos outros; sim, porque, não raro, ele se faz o estafeta de valiosas orientações para familiares e amigos que estejam necessitados de uma palavra de conforto ou de alerta, de esclarecimento ou de rumo.

Este tipo de mediunidade, a dos *sonhos*, infelizmente não é valorizada quanto deveria ser.

Se os homens se preparassem melhor para o repouso físico, haveriam de ter mais *sonhos* e menos *pesadelos...*

Ao invés de refletir sobre o que sonharam à noite, muitos despertam buscando decifrar, nas imagens que conseguiram reter, um palpite para a loteria...

Desde as páginas do Antigo e do Novo Testamento, nos deparamos com a manifestação mediúnica através dos sonhos.

José interpreta o sonho do Faraó que havia sonhado com sete vacas gordas e sete vacas magras...

Daniel revela ao rei Nabucodonosor o significado de suas visões em sonho...

Foi através de um sonho que um Anjo do Senhor manifestou-se a José, pai de Jesus, dizendo-lhe: "Levanta-te, toma o menino e sua mãe e foge para o Egito"...

Em sonho, os Espíritos avisaram aos reis magos que não tornassem a Herodes que tramavam aniquilar o Divino Infante pelo qual temia ser destronado...

Quantos sonhos são premonições extraordinárias!...

Quantas descobertas e invenções não têm sido feitas depois de sonhos inesquecíveis que mudaram a História!...

Abraham Lincoln sonhou com seu caixão, alguns dias antes de ser assassinado tendo, inclusive, relatado a sua impressão onírica à própria mulher...

A mediunidade de sonho ou de desdobramento ou, ainda segundo outros, de projeção da consciência, merece ser melhor estudada, porquanto ela pode, *desde que observada sem fanatismo,* servir de fonte de constante inspiração para o homem na Terra, colocando-o diretamente em contato com as esferas espirituais.

Essa escada com que sonhou Jacob, ligando os Céus à Terra, existe e, por ela, tanto podem transitar os Espíritos que "descem" quanto as almas que "sobem", neste intercâmbio sem fronteiras entre "vivos" e "mortos"...

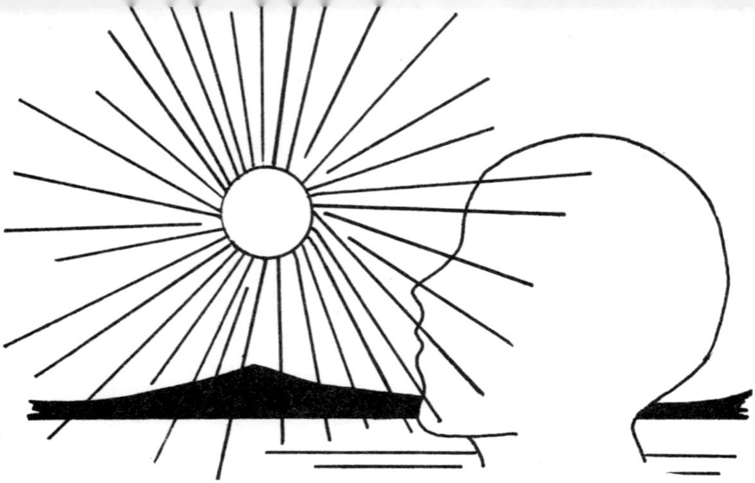

IX – ESPÍRITOS INFELIZES

"2. Os Espíritos errantes têm lugares de predileção?

Ocorre ainda o mesmo princípio. Os Espíritos que não se prendem mais à Terra, vão onde encontram a quem amar; são atraídos mais pelas pessoas do que pelos objetos materiais; entretanto, há os que podem ter uma preferência momentânea por certos lugares, mas são sempre Espíritos inferiores." - (O Livro dos Médiuns - *Segunda Parte - Cap. IX)*

Espíritos infelizes são todos aqueles que ainda não conseguiram se libertar das paixões que os prendem à Terra.

Alheios à realidade da Vida Espiritual, permanecem ligados às pessoas e aos objetos de suas predileções.

Esses Espíritos, não raro, continuam a peregrinar pelos caminhos do mundo, participando ativamente e, às vezes, inconscientemente das situações que imaginam lhes dizer respeito.

São familiares desencarnados que prosseguem ao lado de suas afeições terrestres, prejudicando-as com as suas influências, quando julgam beneficiá-las...

São Espíritos viciados que continuam a freqüentar os mesmos botequins que freqüentavam, vampirizando os antigos amigos de copo...

São pessoas avaras que não se prepararam convenientemente para se desprender dos bens materiais, transfigurando-se em ferrenhos obsessores quando vêem a fortuna que acumularam passando a outras mãos...

São donos de vastas glebas de terra que montam guarda nas porteiras de "suas" fazendas, tirando a tranqüilidade dos que lhes sucederam à frente dos negócios...

São os que pereceram na plenitude das forças físicas, em acidentes provocados pela própria imprudência, que teimam em não se afastar do local em que jazem enterrados os seus corpos...

São os que amaram e amam possessivamente a esse ou aquele coração, que não desejam ver em outros braços que não sejam os seus...

São homens e mulheres que aparentam ser o que não são, a revelarem-se, depois da morte, como sempre foram...

São Espíritos que permanecem estacionados à margem da estrada da evolução, dominados por mentes mais poderosas que lhes escravizam sob terrível hipnose por dezenas de anos...

São os que não aceitam a desencarnação, vagueando em torno ao próprio túmulo a chorar a oportunidade perdida...

São os que promovem verdadeiras "arruaças" nos lares invigilantes, provocando ruídos e fenômenos físicos os mais inusitados...

São os que, quais se fossem crianças espirituais, não querem se afastar de "seus" objetos de estimação, cegos para a realidade de que nem mesmo o seu próprio corpo físico lhes pertencia em definitivo...

A todos esses infelizes irmãos, são chamados os médiuns, formados à luz do Espiritismo, à caridade do esclarecimento.

Nem exorcismo, nem violência verbal.

Diante da legião de Espíritos que assediava o homem gadareno, obrigando-o a vagar entre os sepulcros de um cemitério abandonado, Jesus apenas fez valer a sua autoridade moral.

A Doutrina Espírita, descortinando ao ser encarnado as verdades da vida além-túmulo, revela-lhe que o mundo invisível é uma continuação natural do mundo material.

Nada de ameaças aos Espíritos para que se afastem...

Ninguém evangelizará um Espírito sem que antes se evangelize!

O Espírito que sai de uma casa, consoante a lição evangélica, quando retorna e a encontra "desocupada", passa a habitá-la com outros sete Espíritos...

Que os homens ocupem a sua casa mental com boas idéias e a obsessão decrescerá significativamente.

Até que isto ocorra, os Espírito infelizes, "errantes", serão um "mal necessário" a ferrotear os homens no caminho da vigilância e do bem.

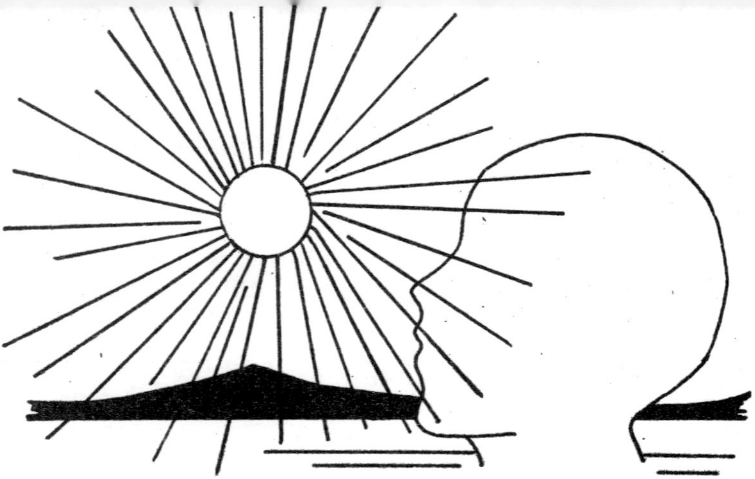

X – ESPÍRITOS E MÉDIUNS SÉRIOS

"Os Espíritos sérios se ligam àqueles que querem se instruir e os secundam, enquanto que deixam aos Espíritos levianos o encargo de divertirem aqueles que não vêem nas manifestações senão uma distração passageira." - (O Livro dos Médiuns - *Segunda Parte - Cap. X)*

Os Espíritos sérios são os que secundam os esforços dos médiuns sérios, aqueles que não vêem na mediunidade um mero passatempo.

O médium sincero, única e exclusivamente interessado em servir, trabalhando sem personalismo na seara do bem, atrai a presença dos Espíritos que nutrem as suas mesmas aspirações.

Ao contrário, o médium que tenta disfarçar a sua vaidade, afiniza-se com os Espíritos zombeteiros e ociosos, dos quais o Mundo Espiritual encontra-se repleto.

O médium que se dedica à mediunidade, deve fazê-lo com o idêntico entusiasmo com que se consagra, por exemplo, ao seu trabalho profissional.

Dizemos idêntico entusiasmo quando, na realidade, deveríamos dizer entusiasmo maior, pois, as tarefas espirituais devem sempre ocupar uma posição de destaque em nossas vidas.

Têm médiuns que demonstram um interesse quase insignificante pela mediunidade; dão-nos a impressão de que são médiuns por obrigação, e não por amor...

Colocam-se na condição de que, comparecendo às reuniões médiunicas uma vez por semana, estão prestando um grande favor aos Espíritos.

Infelizmente, esses medianeiros além de ser, eles mesmos, um obstáculo à sua evolução espiritual, entravam o progresso do grupo que, contraditoriamente, tem para com eles uma consideração excepcional.

Isto acontece com maior freqüência entre os médiuns de efeitos físicos, de incorporação, de psicografia e de vidência.

O grupo pouco esclarecido doutrinariamente, como que entroniza os médiuns portadores dessas faculdades e eles passam a exercer um certo controle sobre os seus componentes que, a troco de nada, os respeitam como infalíveis oráculos.

O grupo espírita bem intencionado, por mais simples que seja – e quanto mais simples melhor –, conta com o apoio dos Espíritos sérios que o assiste, mesmo quando não lhes seja possível identificarem-se.

Existem grupos que, por não conhecerem o nome de seus Protetores, consideram-se sem méritos diante da Espiritualidade. Isto é um equívoco!

Todo grupo tem o seu Protetor, e esse Protetor, na maioria das vezes anônimo, tem condições espirituais de arcar com a responsabilidade que lhe foi conferida pelos Planos Mais Altos.

Como os homens têm necessidade de um nome, esses Benfeitores, quase sempre dão-lhes um que seja conhecido.

Recordemo-nos de que o Espírito que coordenou o excelso trabalho da Codificação, identificou-se para Allan Kardec como sendo "O Espírito de Verdade".

Reunião mediúnica que não tem hora para começar e nem para terminar, que não tem um número certo de componentes, que não tem dia marcado na semana, que se reúne, enfim, na base da improvisação, também não tem a presença dos Espíritos sérios que, no Mundo Espiritual, têm muitas outras ocupações a se entregarem.

Se o médium não tenciona encarar a mediunidade com a seriedade devida, é melhor que ele a deixe para quando houver adquirido maior responsabilidade e disciplina.

Os Espíritos não obrigam ninguém a ser médium!

Desfaçamos este "tabu" de que, quem não quiser trabalhar na mediunidade ficará obsedado!...

Não é bem assim.

Evidentemente, a mediunidade é um fator de equilíbrio psíquico, mas desde que exercida com a seriedade desejada.

Quem não quiser ser médium, se ficar obsedado o ficará não por causa da mediunidade em si, mas pelos seus débitos espirituais não ressarcidos.

Quem, por esse ou por aquele motivo, se sinta momentaneamente impossibilitado de exercer a mediunidade, pode encontrar o seu referencial de equilíbrio psíquico em outras atividades de natureza espiritual.

É o que temos visto acontecer nos Centros Espíritas: pessoas portadoras de consideráveis dons medianímicos canalizando os seus recursos para as obras assistenciais.

Agora, os que de fato são médiuns e não desejam trabalhar em setor algum, ficarão à mercê dos Espíritos que atraírem, sofrendo-lhes o assédio pernicioso; pois, por incrível que pareça, tem gente que prefere ser dependente de remédios a vida inteira do que ser útil aos semelhantes, tamanho lhes é n'alma o comodismo e o preconceito.

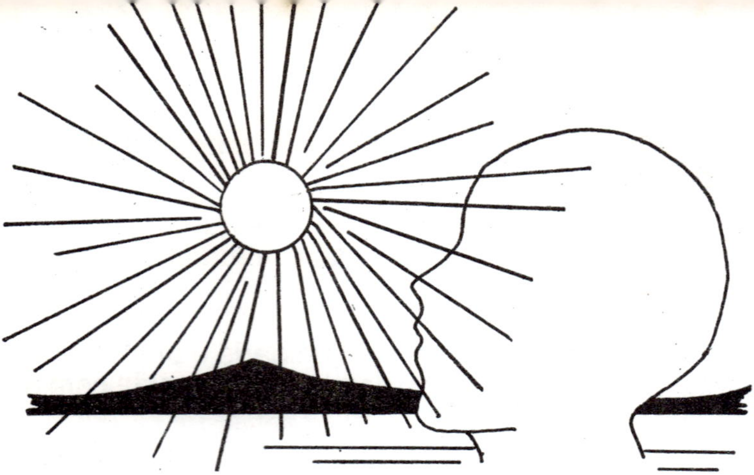

XI – CONSOLIDANDO A FÉ

> *"Se nossa fé se consolidou dia a dia, foi porque compreendemos; fazei, pois, compreender, se quereis arregimentar prosélitos sérios."* - (O Livro dos Médiuns - *Segunda Parte - Cap. XII)*

É natural que os médiuns, no princípio de suas atividades, sintam-se inseguros e vacilantes na fé.

É natural que questionem sobre a autenticidade dos fenômenos que acontecem por seu intermédio.

Como nos ensina Allan Kardec em *O Livro dos Médiuns,* a nossa fé se consolida dia a dia, à medida que melhor compreendemos as leis que, no caso, regem a mediunidade.

Muitos Espíritos que são levados ao "trabalho de desobsessão", em se comunicando através dos médiuns que lhes servem de instrumentos, não têm consciência de como o fazem... Não se espantem, pois é isto mesmo o que acontece!

Não pensem que nós, os Espíritos desencarnados, não precisamos de fé em nossos comunicados com os homens... Necessitamos de crer que os nossos pensamentos serão fielmente reproduzidos pelas palavras dos medianeiros que se dispõem à caridade do intercâmbio conosco...

Por exemplo: agora, enquanto escrevemos, eu e o médium do qual me sirvo, pensamos... Ele pensa se sou eu, de fato, que lhe estou ditando estas palavras, e eu penso se ele, em verdade, estará captando as minhas idéias.

Nós, os habitantes de uma outra dimensão, não temos muita escolha.

Alguém já se utilizou de uma imagem feliz para simbolizar o que acontece no intercâmbio mediúnico: separados que estamos por "fronteiras vibratórias", estamos, situados em suas duas extremidades, cavando um "túnel" que nos coloque efetivamente em contato uns com os outros... Por enquanto, como um grupo de pessoas soterradas numa caverna que desabou, conseguimos apenas uma comunicação rudimentar com os companheiros que nos procuram na superfície, ou vice-versa...

Recordemo-nos do Espírito Charles Rosma que, enterrado sob uma das casas do vilarejo de Hydesville, comunicava-se pela *tiptologia* com as irmãs Fox...

Este "túnel" a que nos referimos ainda tem que ser muito cavado até que, finalmente, nos coloque em contato direto... Precisamos, nos dois lados da Vida, trabalhar com afinco para remover as "barreiras" que nos separam.

O que ocorre do nosso Plano de vida para a Terra, é igualmente o que acontece do nosso Plano para Planos Superiores ao nosso...

Que os médiuns não sejam tão exigentes com os Espíritos e que os Espíritos não sejam tão exigentes com os médiuns - eis a fórmula ideal para que possamos trabalhar e produzir o melhor, nesta luta conjunta contra a morte!

Se os médiuns, em contato direto com o fenômeno, por vezes duvidam, não deverão eles esperar que os leigos creiam na existência dos Espíritos sem vacilar.

Mais uma vez, desejamos aqui ressaltar a importância de se estudar a Doutrina, procurando "enxergar" a mediunidade com os olhos da lógica.

Quem estudar o Espiritismo, terá uma convicção mais firme do que aqueles que andam à procura de ver para crer.

Quem vê sem compreender, não raro, aumenta a sua própria descrença, ao passo que quem compreende vê com os olhos da razão que não se engana nunca.

Os prosélitos mais sérios com os quais conta

o Espiritismo, são justamente os que afirmam jamais terem visto um só Espírito...

Quanto mais estudamos e compreendemos a beleza da Doutrina Espírita, na revivescência do Evangelho do Cristo, mais a fé se solidifica por dentro de nós mesmos, transfigurando a esperança em sublime realidade.

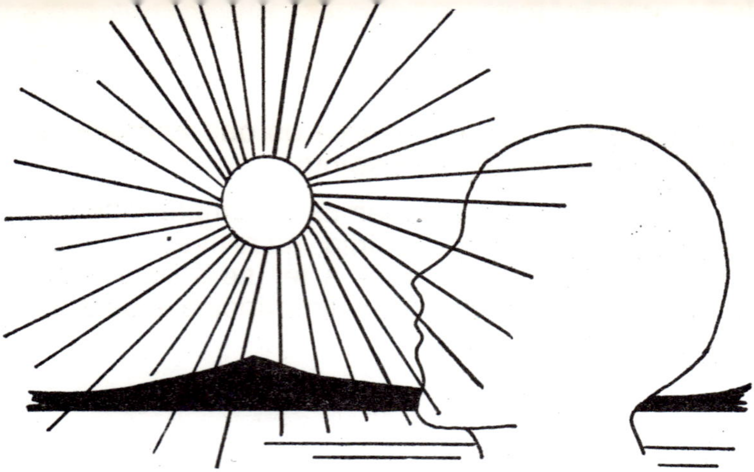

XII – MEDIUNIDADE DE PSICOFONIA

> *"Se assim é, dir-se-á, nada prova que seja de preferência o Espírito estranho que escreve ao invés do Espírito do médium. A distinção, com efeito, algumas vezes, é bastante difícil de se fazer, mas pode ocorrer que isso pouco importe. Todavia, pode-se reconhecer o pensamento sugerido no fato de que não foi jamais preconcebido; ele nasce à medida que se escreve e, freqüentemente, é contrário à idéia prévia que se tinha formado; pode mesmo estar fora dos conhecimentos e das capacidades do médium."* - (O Livro dos Médiuns - *Segunda Parte - Cap. XV)*

Embora o texto de Allan Kardec tenha sido endereçado aos médiuns escreventes, podemos tomá-lo para os nossos estudos em torno da mediunidade de psicofonia.

Muitos nos indagam quanto aos sintomas

experimentados por um médium de incorporação no momento do transe.

Evidentemente, não existe um médium absolutamente igual a outro.

Cada medianeiro apresenta as suas características próprias.

Entretanto, em linhas gerais, poderíamos dizer que o médium de incorporação sente, na hora de conceder passividade ao Espírito comunicante, como se estivesse levemente acima de seu próprio corpo, ou "saindo pela cabeça"...

Paralelamente, experimenta um certo entorpecimento dos membros, com sudorese nas mãos, e o acelerar dos batimentos cardíacos...

Em alguns, pode aparecer uma espécie de vertigem, embora este sinal seja mais comum nos médiuns inconscientes.

Respiração ofegante, o médium de incorporação tem a sensação de que "alguém", pelas costas, envolveu-o num abraço, como se estendesse sobre os seus ombros um manto fluídico...

Quase que ao mesmo tempo, o médium, dependendo do grau de evolução mediúnica e da profundidade do transe, experimenta dores físicas reflexas nos órgãos em que se concentram as queixas externadas pelo Espírito...

Neste instante, o "aparelho mediúnico", funcionando como um radar, começa a registrar o pensamento emitido pela entidade que se sente falando numa espécie de desfiladeiro, em que pode ouvir o eco de sua própria voz...

Controlado pelos Espíritos Amigos, o médium, receando ser suas idéias que lhe acodem ao cérebro, começa a falar timidamente...

Quanto ele começa a falar, cede à tremenda "pressão psíquica" que experimenta e o alívio se faz quase de imediato...

Se a dúvida do medianeiro persiste durante o intercâmbio, a comunicação dá-se de forma truncada, não satisfazendo nem ao médium, nem ao Espírito que, na maioria das vezes, se retira decepcionado, como alguém que inutilmente batesse às portas de um pronto-socorro.

O médium de incorporação não deve hesitar "falar" os pensamentos que lhe ocorrem no instante da concentração, temendo que eles lhes venham do subconsciente... Se vierem, são também "entidades" que carecem de ser doutrinadas.

O médium de incorporação ainda deve saber que, no princípio de todo comunicado, há como que uma "mistura" entre o seu e o psiquismo da entidade que necessita expressar-se. Como ocorre na psicografia, só no desenrolar da mensagem é que o Espírito vai melhor se assenhorando de suas faculdades intelectivas e conseguindo ser "mais ele mesmo".

Um fator que o médium deve considerar na consolidação de sua crença, é que, não raro, a conversação entabulada por seu intermédio toma um rumo que lhe é totalmente ignorado, ficando ele surpreso de, por exemplo, "receber" uma entidade espiritual de sexo diferente do seu próprio.

Ao término do transe da incorporação, o médium deve respirar a longos haustos, abrir os olhos e fazer o possível para desligar-se do assunto de que foi o intérprete, evitando prolongar em demasia a sintonia estabelecida com o Espírito comunicante.

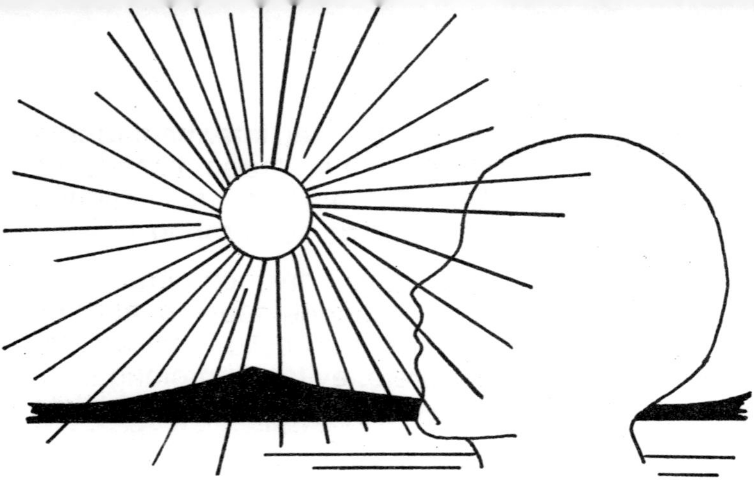

XIII – MÉDIUNS CURADORES

> "Médiuns curadores; os que têm o poder de curar ou de aliviar pela imposição das mãos ou pela prece.
>
> *"Esta faculdade não é essencialmente mediúnica; pertence a todo crente verdadeiro, quer seja médium ou não; freqüentemente, ela não é senão uma exaltação do poder magnético fortificado em caso de necessidade pelo concurso dos bons Espíritos."* - (O Livro dos Médiuns - *Segunda Parte - Cap. XVI)*

O médium passista, utilizando-se apenas da imposição das mãos, é um médium curador por excelência.

Com o proliferação dos ditos "médiuns de cirurgia", aqueles que se utilizam de agulhas e bisturis na intervenção a que se propõem, o médium passista, injustamente, ficou como que relegado a segundo plano.

É ainda a velha necessidade do homem de "ver para crer"...

Jesus foi um extraordinário Médium de cura. Ao simples toque de suas mãos abençoadas, os paralíticos se levantavam, os cegos recobravam a visão, os endemoniados se libertavam das influências maléficas de que eram vítimas, os "mortos" ressuscitavam...

Não raro, bastava que os doentes tocassem na orla de suas vestes, para que fossem agraciados com as bênçãos divinas.

Foi o que aconteceu com a mulher que, segundo a narrativa evangélica, sofria de insidioso processo hemorrágico...

Tratada, sem sucesso, pelos médicos da época, imediatamente ao tocar a túnica do Senhor viu-se curada da enfermidade crônica que a atormentava.

Conta-nos o livro *Atos dos Apóstolos* que, em Jerusalém, os doentes disputavam até mesmo a sombra de Simão Pedro, na convicção de que haveriam de se restabelecer.

A História está repleta de exemplos de medianeiros que, valendo-se da "exaltação" de seu próprio "poder magnético fortificado em caso de necessidade pelo concurso dos Espíritos", curaram ou aliviaram milhares de sofredores.

Os fluidos que, no instante do passe, são liberados pelas mãos do médium passista, agem como se fossem *raio laser* cauterizando tumorações, inibindo quadros patogênicos de reprodução celular, vitalizando órgãos debilitados, harmonizando o ritmo dos batimentos cardíacos, anestesiando dores, pacificando aflições...

O passe espírita carece de ser observado com a importância devida.

Tratamento de longa duração, o passe não agride o corpo físico quanto as cirurgias em que os médiuns se valem de instrumentos cortantes, expondo o doente a sangrias e infecções que podem apressar-lhe a desencarnação.

Não nos posicionamos contra os médiuns curadores que realmente exerçam a sua tarefa com abnegação. Estes sempre contam com o amparo e o respeito da Espiritualidade; entretanto, os que extrapolam os limites do bom senso, os que se julgam investidos de poderes que não possuem, os que desejam "aparecer" e os que se mostram irresponsáveis e mercenários, deveriam ser denunciados publicamente, e deveriam sê-lo pelos próprios espíritas zelosos do patrimônio espiritual da Doutrina que, em suma, acaba sendo a maior prejudicada...

As nossas palavras podem estar soando aqui contundentes demais aos ouvidos sensíveis, no entanto, o que, na condição de Espírito desencarnado, temos assistido fazer os que se dizem médiuns curadores é um absurdo!

Além do mais, a proliferação de tais "médiuns" tem feito com que o estudo do Espiritismo e, conseqüentemente, a reforma íntima do homem, capaz de erradicar-lhe o mal pela raiz, seja negligenciado.

À procura do imediatismo terrestre, o homem olvida os valores que contam para a Vida Eterna!

Dos dez leprosos curados pelo Cristo, apenas um voltou para agradecer...

Somos partidários do passe espírita, aplicado anonimamente em anônima sala de passes, onde a cura, em muito maior número do que se pensa, também acontece de forma silenciosa.

É argumento sofista o de que as ditas "cirurgias espirituais" atraem multidões para o Espiritismo.

Ainda que passo a passo, o Espiritismo caminhará e nada lhe deterá a marcha!

Ofereçamos livros espíritas ao povo e instituamos reuniões de estudo em nossos templos, não nos descuidando hora alguma do exemplo que devemos dar dos postulados que abraçamos na revivescência do Evangelho de Jesus – eis o serviço maior que podemos prestar na construção do Reino Divino sobre a face da Terra!

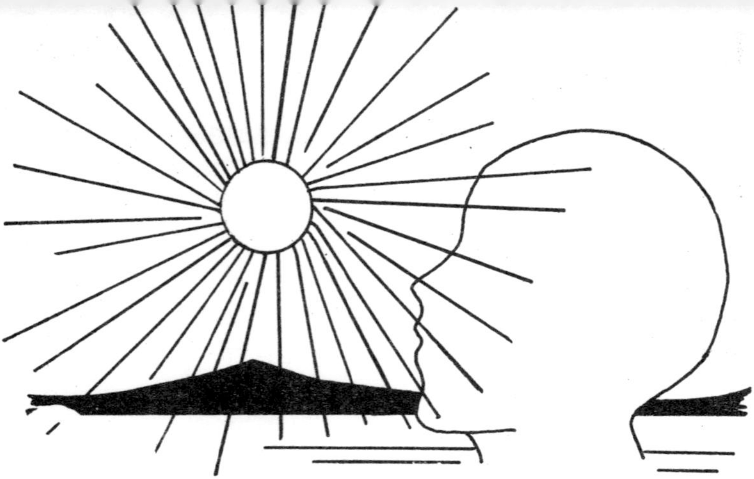

XIV – ESPECIALIDADE MEDIÚNICA

"Restringindo-se em sua especialidade, o médium pode distinguir-se e obter grandes e belas coisas; ocupando-se de tudo, não obterá nada de bem." - (O Livro dos Médiuns - *Segunda Parte - Cap. XVI)*

Um exímio violinista, talvez não seja um bom pianista, e vice-versa.

Um excelente escultor, é possível que não seja um pintor de destaque.

Um respeitável escritor pode não ser um tribuno de méritos.

Quem tenha condições de ser um respeitável médium passista, mas deseja ser, por exemplo, um médium psicógrafo, talvez acabe não sendo nem uma coisa nem outra.

No próprio médium portador de diversos dons

medianímicos, existe um tipo de mediunidade que desponta entre as demais e é justamente sobre esta que ele deve concentrar os seus esforços e atenções.

Não há uma mediunidade mais importante do que a outra. Todas, quando exercidas com dedicação, cumprem uma tarefa significativa.

Não é a mediunidade que destaca o médium; é o médium que valoriza a mediunidade que possui.

Existem médiuns que, por vaidade, na falsa suposição de que isto lhe confere atestado de evolução espiritual, estimam dizer que possuem *n* tipos de mediunidade... Não se contentando em escrever, querem também pintar e materializar os Espíritos... Dizem ser portadores da vidência, da faculdade de cura, da incorporação e de conversar com os Espíritos quando lhes aprouver...

Não vai aqui nenhuma crítica ou censura aos médiuns que, abnegadamente, renunciando a si mesmos, trabalham, com a discrição possível, nesse ou naquele setor da mediunidade.

Entretanto, é Allan Kardec que nos ensina que o médium, "ocupando-se de tudo, não obterá nada de bom."

No mínimo, precisamos pensar na fraterna advertência do Codificador.

O médium que procura "especializar-se" na tarefa, cultivando o dom mediúnico de que seja portador, mesmo que este dom não seja o de suas aspirações pessoais, conseguirá realizar verdadeiros prodígios.

Que o médium de psicofonia esmere-se no trabalho da incorporação e logrará ele resultados que não esperava alcançar...

Que o médium psicógrafo persevere nos seus exercícios de escrita e acabará por se transformar num intérprete valioso para os Espíritos que desejam expressar-se por seu intermédio...

Que o médium passista prossiga, sem desânimo, em seu ministério e as suas mãos devotadas ao bem operarão maravilhas...

Que o médium da palavra se concentre no serviço da oratória e empolgará multidões, que certamente haverão de reunir-se para ouvi-lo...

Que o médium de efeitos físicos para os serviços de materialização e cura, continue no seu apostolado de amor e, com o tempo, estará auxiliando, em nome do Cristo, a centenas de pessoas...

Que o médium de pintura não se furte à disciplina que o trabalho lhe impõe e as telas concebidas por seu intermédio surpreenderão os críticos mais exigentes...

O obreiro de valor é aquele que cresce ao lado de sua própria obra!

Não existe colheita sem semeadura.

E não basta semear... É preciso que se zele

pela qualidade da semeadura, pois dela dependerá a qualidade da colheita.

A "especialização mediúnica" revela a maturidade do médium e o seu sincero desejo de servir à Doutrina.

Não estamos querendo dizer com isto que o médium portador de uma mediunidade, deva desprezar as demais.

Mediunidades diversas podem coexistir pacificamente, desde que o médium tenha condições morais de *gerenciar* os seus diferentes dons. Muitos médiuns acabam se perdendo entre os múltiplos dons que possuem, como alguém que, formado em várias universidades, não consegue se fixar, com o aproveitamento desejável, em nenhum setor de atividade profissional, dispersando as suas forças e perdendo o seu tempo.

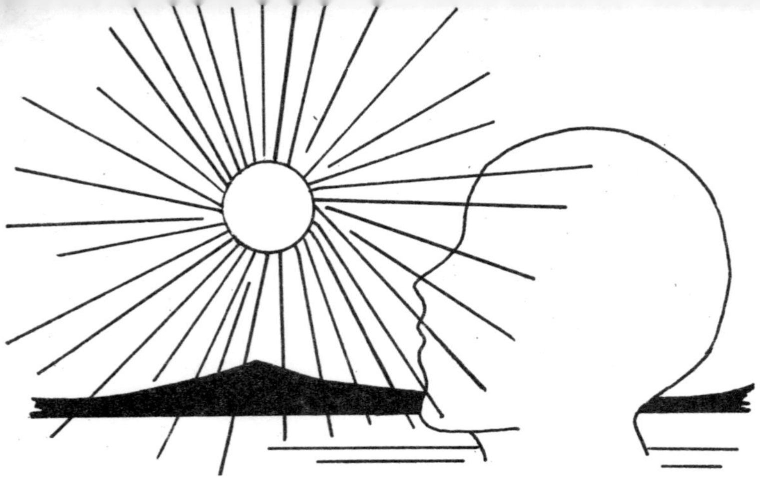

XV – INTERRUPÇÃO DA MEDIUNIDADE

> *"1. Os médiuns podem perder sua faculdade?*
>
> *– Isso ocorre freqüentemente, qualquer que seja o gênero dessa faculdade; mas, freqüentemente também, isso não é senão uma interrupção momentânea, que cessa com a causa que a produziu."* - (O Livro dos Médiuns - *Segunda Parte - Cap. XVII)*

Como os Espíritos Superiores responderam a Allan Kardec, os médiuns podem, de fato, "perder" a sua faculdade, que está sujeita a sofrer uma interrupção momentânea ou definitiva.

Os motivos que determinariam semelhante interrupção, são os mais variados. Entre eles, podemos destacar:

– quando a saúde do médium encontra-se

seriamente debilitada, mormente se a sua mediunidade seja a de efeitos físicos;

– quando o médium é mulher e se apresenta em estado de gravidez;

– quando o médium, por questões profissionais, não se vê em condições de fixar residência nessa ou naquela cidade, impossibilitando-o de vincular-se a um grupo;

– quando as responsabilidades do lar não lhe permitam dedicar o tempo necessário ao cultivo da mediunidade;

– quando o médium abusa de suas faculdades, mercadejando os seus próprios dons;

– quando o médium, por descaso, não valoriza o "talento" mediúnico que recebeu da vida, faltando em excesso às reuniões das quais participa;

– quando o médium voluntariamente se afasta do serviço e, depois de permanecer inativo durante longo tempo, deseja retomá-lo sem a humildade do recomeço;

– quando o médium é muito jovem para abraçar um dever de tamanha envergadura;

– quando o médium é desequilibrado e se torna uma presa fácil para os Espíritos obsessores;

– quando é ele próprio que solicita à Espiritualidade a canalização de seus recursos medianímicos para outras tarefas de ordem espiritual...

A interrupção ou suspensão da mediunidade, quando ocorre, na maioria dos casos é uma advertência para o médium que necessita, então, reavaliar a sua conduta.

Os Espíritos Amigos, quais prudentes instrutores, costumam, por vezes, deixar os seus pupilos entregues a si mesmos, para que não se vangloriem das faculdades que possuem e para que também se sintam única e exclusivamente na condição de instrumentos.

Muitos medianeiros ao perceberem que as suas faculdades foram suspensas, não querendo admitir o fato, continuam a atuar por sua própria conta e risco, cometendo verdadeiros despautérios.

Ainda uma consideração. Quando nos referimos à interrupção definitiva da mediunidade, estamos nos reportando à faixa de tempo assinalada por uma experiência física, pois a mediunidade é um sentido que, uma vez adquirido, não mais se perde. É como alguém que, por exemplo, num quadro irreversível de cegueira ou de paralisia, pode, na Vida Espiritual, após a desencarnação, ou no seu próximo retorno ao corpo físico, readquirir a faculdade da visão e dos movimentos livres, desde que cessada a causa que desencadeou semelhante problema.

Que os médiuns que tiveram as suas faculdades suspensas procurem estudar os motivos que determinaram o fato.

Dos médiuns que abusam de seus dons, os

Espíritos Amigos se afastam e os deixam à mercê dos Espíritos irresponsáveis.

Dos médiuns que, a contragosto, não possam, por esse ou por aquele *motivo justo*, exercer as suas faculdades, os Espíritos Amigos não se afastam, dando-lhes a cobertura espiritual de que carecem para não se transformarem em vítimas dos obsessores.

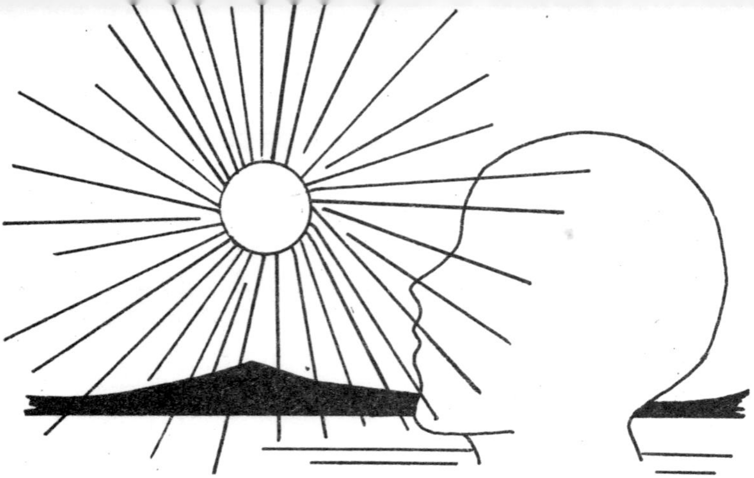

XVI – MEDIUNIDADE NA INFÂNCIA

> "Qual é a idade na qual se pode, sem inconveniente, se ocupar da mediunidade?
>
> *Não há idade precisa e isso depende inteiramente do desenvolvimento físico, e ainda mais do desenvolvimento moral; há crianças de doze anos que serão menos afetadas do que certas pessoas adultas. Falo da mediunidade em geral, mas a que se aplica aos efeitos físicos é mais fatigante corporalmente; a escrita tem um outro inconveniente que se relaciona com a inexperiência da criança, no caso em que quisesse dela se ocupar sozinho e com ela divertir-se.*" - (O Livro dos Médiuns - *Segunda Parte - Cap. XVIII)*

De fato, como os Espíritos disseram a Kardec, não há idade precisa para que se possa, sem inconvenientes, ocupar-se da mediunidade.

Entretanto, algumas considerações devem ser feitas.

Na criança, a mediunidade existe espontaneamente.

Até aos 7 anos, o Espírito reencarnado permanece mais ligado ao Plano Espiritual do que à Terra. Neste período, é comum que a criança veja ao lado de seu próprio berço os Espíritos ligados a ela... O que, não raro, se considera fruto da imaginação infantil, é manifestação mediúnica das mais legítimas.

Principalmente as crianças sozinhas, sem irmãos e amigos, costumam receber a visita de companheiros desencarnados com os quais conversam naturalmente, como se estivessem dialogando com alguém que conhecessem há muito tempo!

Quando essas visões e diálogos com os Espíritos não trazem nenhuma perturbação para a mente infantil, não há com que se preocupar, porque, na maioria das vezes, à medida em que a atenção da criança for sendo solicitada pelo mundo, essas manifestações irão se espaçando até que desapareçam por completo para, talvez, reaparecerem mais tarde.

Quando, no entanto, a criança se mostra intranqüila, acordando sobressaltada no meio da noite, é aconselhável que ela seja encaminhada para um tratamento de passes, pedindo aos Espíritos Benfeitores que "bloqueiem" essas manifestações; os Espíritos Benfeitores, então, agirão, com a permissão de Jesus, afastando da criança a presença das Entidades que, consciente ou inconscientemente, a estejam molestando.

Somos de opinião que os adolescentes, igualmente, devem se abster de trabalhar no campo da mediunidade. A não ser uma ou outra exceção, os jovens, enquanto não atingem a maioridade, não possuem o necessário discernimento para escolherem o caminho a ser trilhado.

Temos visto muitos pais se decepcionarem, porque obrigaram os filhos a ser médiuns... Ora, isto não se faz. O filho não deverá ser médium porque os pais o queiram! Diríamos que a primeira e maior obrigação que os pais espíritas têm para com os seus filhos é a de conduzi-los às aulas de evangelização; infelizmente, a maioria não cumpre semelhante dever!

Se a "reencarnação psicológica" se completa em torno dos 7 anos de idade, a "reencarnação moral" leva mais tempo. Somente quando atinge a maioridade, é que o Espírito, completamente integrado no corpo, mostra *por fora* o que é *por dentro*. Por isto, observamos, nesta faixa etária, tantas mudanças de comportamento. Jovens que se revelam antecipadamente adultos, compenetrados de suas obrigações, e jovens que, na idade adulta, se entregam a lamentáveis irresponsabilidades, descambando no vício...

De uma maneira geral, antes que o jovem faça a sua opção pela mediunidade, ele deve ter a cabeça assentada, procurando estar plenamente convicto do que deseja na vida.

Mediunidade na infância ou na juventude não é sinônimo de evolução espiritual, ou coisa que o valha. Não é porque uma criança ou um jovem seja médium que ele deve ser interpretado à conta de um missionário da mediunidade!

Não nos esqueçamos de que Allan Kardec, o missionário da Terceira Revelação, começou a ocupar-se da Doutrina quando tinha 50 anos de idade!

Deixemos, tanto quanto possível, a criança ser criança e o jovem ser jovem, preocupando-nos em formar-lhes o caráter; quanto à mediunidade, quem renasceu com este compromisso, na hora certa será chamado a executá-lo, sem que lhe seja possível fugir a ele sem graves prejuízos para si mesmo.

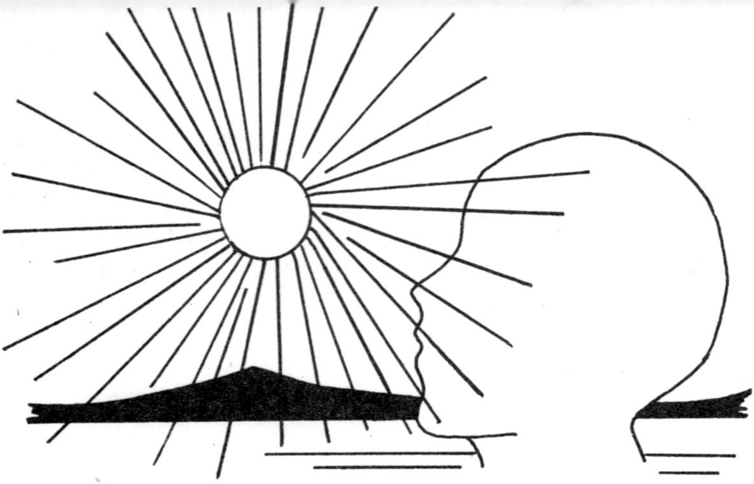

XVII – COMUNICAÇÕES AFINS

"Há médiuns aos quais são feitas, espontaneamente, e quase constantemente, comunicações sobre um mesmo assunto, sobre certas questões morais, por exemplo, sobre certas faltas determinadas; isso tem uma finalidade?

Sim, e essa finalidade é a de esclarecê-los sobre um assunto freqüentemente repetido, ou corrigi-los de certos defeitos; por isso, a uns, falarão sem cessar do orgulho, a um outro da caridade; não é senão a saciedade que pode lhes abrir os olhos. Não há médiuns abusando da sua faculdade, por ambição ou por interesse, ou a comprometendo por um defeito capital, como o orgulho, o egoísmo, a leviandade, etc, que não receba, de tempos em tempos, algumas advertências da parte dos Espíritos; o mal é que na maior parte do tempo, não tomam isso para si." - (O Livro dos Médiuns - *Segunda Parte - Cap. XX)*

Existem tópicos de *O Livro dos Médiuns,* como de resto em todas as obras da Codificação Kardeciana, que apreciados isoladamente nos revelam lições extraordinárias.

O trecho que destacamos acima é um exemplo do que afirmamos.

Quando um médium começa a receber comunicações do mesmo teor, quase que idênticas entre si, há logo quem pense em animismo. Outros dizem que as comunicações, quando se tornam repetitivas, denotam pouco desenvolvimento mediúnico da parte de quem as recebe.

Quase nunca se admite que a repetição de determinado assunto por um mesmo médium, seja nas mensagens escritas ou faladas, pode soar como uma discreta advertência do Mundo Espiritual para o medianeiro ou para o grupo a que pertence.

E quase ninguém consegue compreender ainda que o Espírito comunicante, discorrendo diversas vezes sobre o mesmo tema, talvez tenha essa necessidade de exercitar-se, procurando fixar em si próprio as idéias que transmite.

Vejamos o exemplo de um professor que, a cada aula, com a repetição da matéria que leciona acaba por dominá-la em profundidade.

Ainda tratando das *comunicações afins,* gostaríamos de acrescentar que determinados médiuns, pelo tipo de vida que levam ou levaram, têm uma facilidade muito maior de sintonia com os Espíritos que se lhes afinizaram ou se lhes afinizam ao modo de ser.

Exemplificando, diríamos que um médium ex-alcoólatra, por ter vivenciado o problema do vício a que nos reportamos, terá, naturalmente, uma predisposição para *incorporar* Entidades que desencarnaram na embriaguez...

É necessário que o próprio médium se conscientize dessa realidade para que, perante a consciência, não se acuse de mistificador.

Por este princípio, um médium homem, notadamente na psicofonia, " recebe" com maior naturalidade um Espírito masculino, e uma médium mulher um Espírito feminino, sem oporem nenhum tipo de resistência psicológica ao transe.

Entretanto, não há nada que impeça que um médium do sexo masculino *incorpore* um Espírito de mulher, desde que o médium em questão não guarde consigo este tipo de preconceito que, aliás, é injustificável.

Evidentemente, quando um tipo de mensagem estiver se repetindo excessivamente através de um médium, o dirigente da sessão mediúnica, ou um companheiro que esteja percebendo o fato, deve dialogar com ele procurando auxiliá-lo a que se liberte dessas "peias" mentais. Neste caso, deve-se aconselhar o médium para que fique algumas semanas sem "receber" Entidades, renovando as idéias através da leitura edificante e elevando o seu padrão vibratório na tarefa assistencial.

A mediunidade é um campo de inesgotáveis

observações. Há muito o que se aprender com a sua prática.

Aqui, na Vida Espiritual, costumamos reunir-nos, os que somos interessados pela mediunidade, para estudarmos e trocarmos experiência sobre ela.

Acreditamos que um *encontro entre médiuns* em que cada qual pudesse falar de suas próprias experiências, sem, no entanto, monopolizar opiniões, seria de grande valor para todos, encorajando tanto os medianeiros iniciantes quanto aqueles que, trabalhando há mais tempo, nunca tiveram oportunidade de contar como é que o fenômeno acontece com eles.

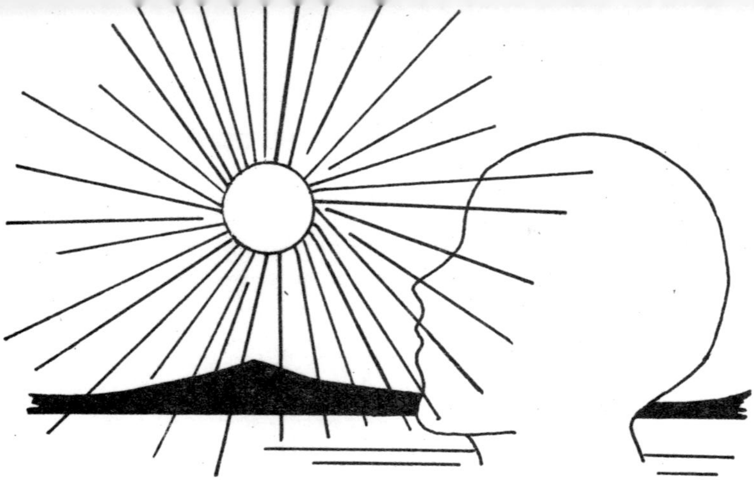

XVIII – EVOCAÇÃO DE ESPÍRITOS

> "Quanto tempo depois da morte se pode evocar um Espírito?
>
> *Pode-se evocá-lo no instante mesmo da morte; mas, como nesse momento, ainda está em perturbação, não responde senão imperfeitamente."* (O Livro dos Médiuns - *Segunda Parte - Cap. XXV)*

No capítulo das evocações, cremos que seja desnecessário lembrar aos nossos irmãos quanto à sua inconveniência.

O Espírito recém-desencarnado passa por um período mais ou menos longo de perturbação, até que se readapte ao Mundo Espiritual. Muitas vezes, encontra-se ele sem a mínima condição de responder ao apelo que lhe está sendo feito. De outras, o Espírito evocado não encontra um médium que lhe sirva de instrumento, posto que, repetimos, sintonia mediúnica não se improvisa.

Não raro, os Espíritos que comparecem às reuniões mediúnicas, evocados indiretamente pela presença de seus familiares e amigos que esperam ouvi-los em mensagem, transmitem as suas impressões de além-túmulo como podem, e não como desejariam. É por este motivo que nem sempre os comunicados mediúnicos correspondem à expectativa dos que anseiam por recebê-los.

Os Espíritos anseiam por se comunicar com os que deixaram na Terra que, por sua vez, anseiam pelo contato com eles... Intermediando essas ansiedades, está o médium ansioso por desempenhar o seu papel, "pressionado" que se sente pelos *dois lados da vida.* Em conseqüência, surge uma mensagem, digamos, truncada, que acaba não satisfazendo aos anseios nem de uns, nem de outros.

Se o médium compreendesse as suas limitações e se as pessoas entendessem as dificuldades do Espírito comunicante que, afinal de contas, nem sempre conhece o processo do intercâmbio mediúnico, haveria uma maior tolerância de ambas as partes, permitindo que o Espírito se manifestasse sem tantos constrangimentos.

Uma outra questão delicada desejamos abordar aqui.

Num simples comunicado do Além, as pessoas exigem que o Espírito, numas poucas linhas que consegue escrever ou numas poucas palavras que consegue falar, identifique-se de forma incontestável. Querem nomes, datas, detalhes, caligrafia idêntica, apelidos, respostas a indagações mentais formuladas no momento...

Em outras palavras, o que as pessoas exigem é quase que o Espírito se materialize; e mesmo se tal ocorresse, ainda pediriam as provas que Tomé pediu a Jesus Cristo... E talvez, ainda depois de obtê-las, retirariam-se perguntando: – "Será?!..."

O que vemos ser feito com alguns médiuns de boa vontade é uma falta de caridade!

Sem que saibam, eles estão sendo testados em suas faculdades, expondo-se às críticas amargas daqueles a quem tudo fizeram para confortar, "recebendo" para eles as mensagens que puderam receber...

Acreditamos que os médiuns, por melhor intencionados que sejam, em defesa de sua própria dignidade, não devem sair por aí oferecendo-se para receber mensagens dos desencarnados. Que eles fiquem em seus postos de serviço.

É o sedento que deve ir à fonte, e não o contrário.

Se os Espíritos tivessem um telefone sempre à disposição, um telefone que os permitisse ligar para a Terra sem intermediações, eles o fariam.

Assim como os homens querem contactá-los, os Espíritos desejam contactar os homens. Infelizmente, habitando Planos que se interpenetram, mas que não se tocam, devemos contentar-nos com o que obtemos. E o pouco que já obtemos na mediunidade representa muito, pois antes do Espiritismo estávamos como que completamente ilhados em nossos Planos de existência. Gritávamos e ninguém nos ouvia, falávamos e a nossa voz não encontrava eco, abraçávamos e a nossa presença era ignorada...

Quando um Espírito em desespero apossava-se de alguém, era o *demônio,* a quem os homens sempre deram o direito de se comunicar... Mas quando se tratava de um Espírito familiar, saudoso dos entes amados que deixou no mundo, ainda provocava ele o encarceramento, a excomunhão ou a morte do "herege" que ousara evocar os "mortos"...

E é assim que nós vamos caminhando com Deus!

Pode-se dizer, sem exagero algum, que embora os quase cento e cincoenta anos da Codificação Kardeciana, os médiuns que hoje atuam na mediunidade são os desbravadores do futuro, mártires da renúncia e do sacrifício, bandeirantes da Civilização do Espírito que florescerá na Terra do Terceiro Milênio!

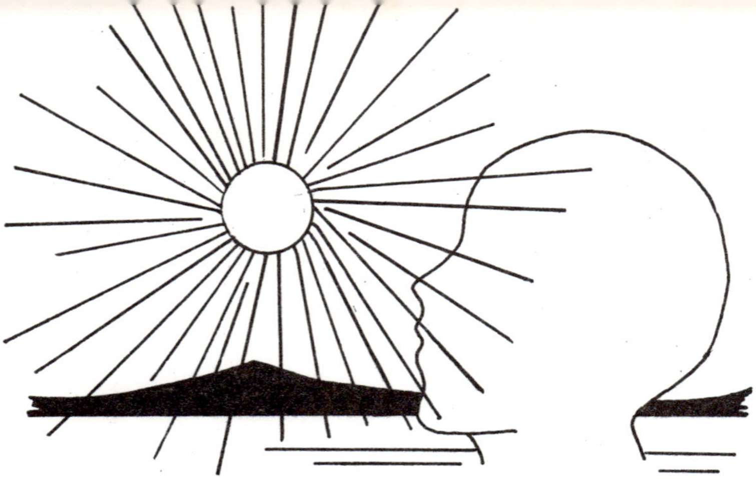

XIX – MÉDIUNS RECEITISTAS

"Os Espíritos podem dar conselhos para a saúde?

A saúde é uma condição necessária para o trabalho que se deve realizar na Terra, por isso dela se ocupam com boa vontade; mas como há, entre eles, ignorantes e sábios, não convém, mais por isso do que por outra coisa, dirigir-se ao primeiro que chega." (O Livro dos Médiuns *- Segunda Parte - Cap. XXVI)*

Assim como não se deve dirigir-se ao primeiro Espírito que aparece, também não se deve dirigir-se a todo e qualquer médium solicitando orientação sobre questões de saúde.

A *mediunidade receitista* constitui uma especialidade e é muito rara entre os médiuns.

Os *médiuns receitistas* confiáveis são aqueles de uma dedicação quase exclusiva ao trabalho de prescrever aos enfermos que lhes solicitam o concurso, quando a medicina terrestre, por este ou aquele motivo, não possa auxiliá-los.

Os *médiuns receitistas*, além de terem um passado vinculado ao campo da medicina, contam com o amparo de Espíritos que detêm conhecimentos específicos.

Em *O Livro dos Médiuns*, Kardec cita um exemplo clássico do que afirmamos acima. Um jovem médium sonâmbulo, questionado sobre a saúde de alguém que lhe pedia uma receita, respondeu: "Não posso; o meu *anjo doutor* não está presente."

O médium, seja ele qual for, não tem a obrigação de receitar para provar que é médium. Que ele tenha discernimento para não cometer os absurdos que os médiuns "operadores", crendo-se sempre bem assistidos espiritualmente, cometem, comprometendo a vida de muita gente...

Diríamos que esta especialidade mediúnica, a dos *médiuns receitistas,* está quase desaparecendo... Por quê?! Primeiro, por falta de dedicação dos médiuns que até desconsideram esse tipo de mediunidade; segundo, pela facilidade com que hoje pode-se obter uma consulta médica gratuita...

Falando em homeopatia, vemos com bons olhos a multiplicação dos médicos que por ela tem se interessado nos últimos anos. Até ontem, a homeopatia era ridicularizada; hoje é matéria de ensino em respeitáveis universidades.

Mas a homeopatia, mais do que a alopatia, exige um exaustivo estudo e até mesmo um conhecimento psicológico do ser humano, para que seja empregada com o sucesso desejado.

Se o medicamento alopático age, digamos, de uma forma direta e objetiva, combatendo sintomas específicos, a homeopatia atua nas causas do desequilíbrio orgânico e emocional, modificando as vibrações do perispírito, na harmonização das energias que se encontram descontroladas.

Ao médico homeopata, não convém nunca desprezar a própria intuição no instante de examinar e prescrever ao enfermo.

Que os *médiuns receitistas*, igualmente adeptos da fitoterapia, cultivem os seus dons sem esmorecimento, perseverando na nobre missão de curar ou de aliviar as dores, convictos, no entanto, de que nem sempre lograrão o seu intento.

Que os demais medianeiros, junto aos Espíritos que os assistem, compreendam as suas limitações e tenham a sinceridade de dizer, quando procurados para uma receita ou providência semelhante, que isto não está ao alcance de suas possibilidades, indicando, caso conheçam, um médium confiável mais apto a fazê-lo.

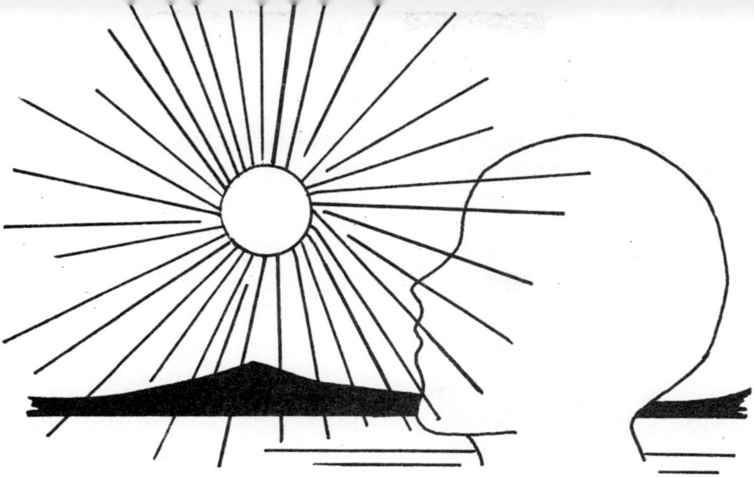

XX – INFALIBILIDADE

> *"As reuniões de estudo, por outro lado, são de uma imensa utilidade para os médiuns de manifestações inteligentes, sobretudo para aqueles que têm um desejo sério de se aperfeiçoar, e que a elas não vêm com uma tola presunção de infalibilidade."* - (O Livro dos Médiuns - *Segunda Parte - Cap. XXXIX)*

É necessário que os médiuns compreendam que não são infalíveis. Infeliz do médium que tenha, no dizer de Kardec, essa "tola presunção".

Estamos todos muito distantes da perfeição!

Os Espíritos que circundam a Terra, com raras exceções, são companheiros ainda em luta consigo mesmos e não detêm toda a sabedoria que os menos avisados querem lhes atribuir.

Por um dever de consciência, apresso-me em

dizer-lhes que estou posicionado entre os que se encontram nos primeiros degraus da escala evolutiva.

Os médiuns necessitam ter a humildade de reconhecerem as suas limitações, de vez que, semelhante medida, os auxiliará a se equivocarem menos do que habitualmente se equivocam.

Quando um medianeiro receber um comunicado psicográfico endereçado a alguém, se algum trecho, ou mesmo algum nome na mensagem recebida estiver errado, que ele tenha a dignidade e a coragem de solicitar uma borracha e corrigir a informação que não conseguiu "filtrar" convenientemente.

Se o destinatário da referida página mediúnica levantar dúvidas a respeito de sua autenticidade, isto será um problema que ele terá que resolver com a sua consciência.

Às vezes, o engano parte do próprio Espírito comunicante que, na maioria dos casos, não está preparado para escrever, e muito menos falar – porque falar exige do Espírito um controle emocional muito maior...

Médiuns existem que, de fato, têm uma verdadeira aversão às reuniões de estudo. Acham que por serem médiuns são "doutores" em Espiritismo. Ledo engano! Os médiuns são os que mais precisam de estudar para adquirirem discernimento.

O médium que estuda é uma presa mais difícil para os Espíritos mistificadores, porque, além de se esclarecerem, atraem a presença dos Espíritos que amam a Verdade.

Sobre a Terra, não existe ninguém infalível! Entretanto, feliz daquele que se dispõe a aprender com o próprio erro!

Que médium algum se arvore em "dono da verdade", fazendo ouvidos moucos aos companheiros de jornada. Não raro, um alerta pode chegar até nós através dos lábios de uma pessoa simples... É preciso que estejamos atentos.

É natural que o médium se ufane ao "receber" uma mensagem, ou "receber" um livro; no entanto, não desanime se as críticas vierem mais contundentes do que esperava... Esteja ele certo de que elas sempre virão. Se tiver humildade, talvez consiga perceber que um ou outro está sendo sincero ao fazê-las e, aproveitando-as no que contenham de útil, seguirá para frente. Se se melindrar, abandonará a tarefa afirmando que os homens não merecem o seu esforço...

Outro ponto a considerar aqui. É importante que os médiuns entendam que não são rivais uns dos outros, que não são chamados a "disputar" mediunidade, ou coisa que o valha...

É um absurdo a existência de grupos que se rivalizam através de seus médiuns, cada qual querendo ver a sua casa espírita mais cheia que a do outro...

Cremos que, com o que ficou dito, seja desnecessário nos alongarmos neste assunto, assaz desagradável.

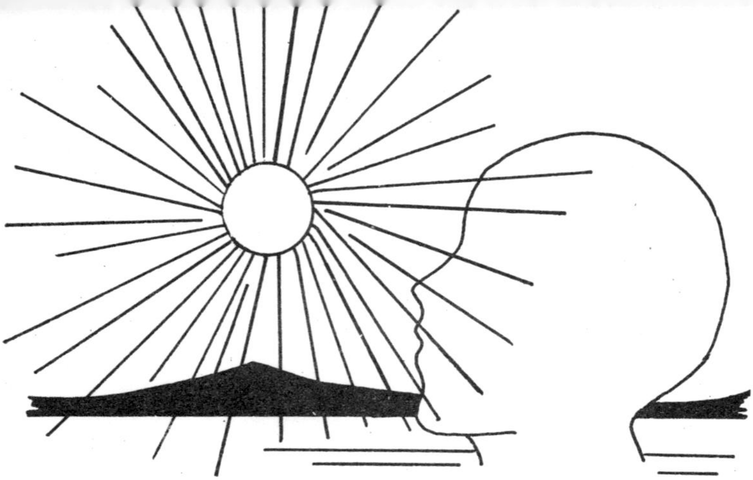

XXI – CONTRADIÇÃO MEDIÚNICA

"O mesmo Espírito, se comunicando em dois centros diferentes, pode lhes transmitir, sobre o mesmo assunto, duas respostas contraditórias?

Se os dois centros diferem entre si em opiniões e pensamentos, a respostas poderá lhes chegar deturpada, porque estão sob a influência de diferentes colunas de Espíritos; não é a resposta que é contraditória, mas a maneira pela qual é dada." (O Livro dos Médiuns - *Segunda Parte - Cap. XXVII)*

Meditemos com atenção na resposta que os Espíritos deram a Allan Kardec sobre o tema ora em estudo.

Os Espíritos Superiores jamais se contradizem.

Os médiuns, entretanto, podem adulterar, consciente ou inconscientemente, o pensamento dos Espíritos.

Os próprios Espíritos, quando se servem de intermediários entre si e os homens, podem ter as suas idéias deturpadas.

Explicamo-nos melhor.

Dependendo da *formação doutrinária* do médium, ele pode intervir na opinião do Espírito sobre determinada questão. É aqui que fica mais caracterizada a participação do médium no intercâmbio espiritual.

Essa "interferência" pode ser positiva ou negativa.

Se o médium não concorda com o que o Espírito escreve ou fala por seu intermédio, ele irá oferecer-lhe certa resistência.

De outra vezes, é o Espírito que, emitindo à distância o seu pensamento ao médium, carece servir-se de intermediários espirituais que estejam mais próximos ao medianeiro, conseqüentemente se sentindo prejudicado no assunto sobre o qual foi questionado ou, espontaneamente, deseja abordar.

É como se pedíssemos a alguém que se fizesse o portador verbal de um recado nosso... Em raras ocasiões, o recado chegará ao seu destino sem que seja prejudicado em seu conteúdo.

Em essência, é isto que leva os homens a dizer que determinado Espírito se contradisse ao tratar de um mesmo assunto por médiuns diferentes.

Precisamos ainda levar em consideração

que, os Espíritos de mediana elevação podem mudar o seu modo de pensar. Por que lhes negarmos este direito?!

Às vezes, acontece também que um certo grupo esteja amadurecido para ouvir certar opiniões, e outros não!...

Embora primem pela Verdade, os Espíritos esclarecidos procuram aguardar o melhor momento de dizê-la.

Questionado por Pilatos sobre o que era a Verdade, Jesus preferiu silenciar... Entretanto, Ele a revelara aos seus apóstolos, chegando mesmo a instrui-los em segredo...

Atentemos ainda para as palavras “diferentes colunas de Espíritos”...Isto quer dizer que entre nós, os Espíritos, existem divergências como as existem entre os homens...

Diversos Centros Espíritas, embora inscrevam o nome de veneráveis Benfeitores em suas fachadas, permanecem sob a influência de Espíritos pseudo-sábios.

À medida que o grupo mediúnico vinculado a determinado núcleo de atividade espiritual se esclarece, os Espíritos que a ele prestam assistência, se não acompanham o seu progresso, vão sendo substituídos por outros mais esclarecidos.

A questão que examinamos é complexa.

Que os homens não vejam simples contradição, onde o que existe é falta de um conhecimento maior sobre os problemas que cercam o intercâmbio mediúnico.

Os Espíritos Superiores, buscando evitar esses aborrecimentos, quando sentem necessidade de comunicar-se com os homens, valem-se quase sempre exclusivamente dos médiuns com os quais tenham formado uma certa afinidade. Não que eles sejam "propriedade" exclusiva de tais médiuns, ou vice-versa; mas porque estabeleceu-se entre eles, ao longo do tempo, uma identidade que, por agora, escapa à nossa capacidade de análise.

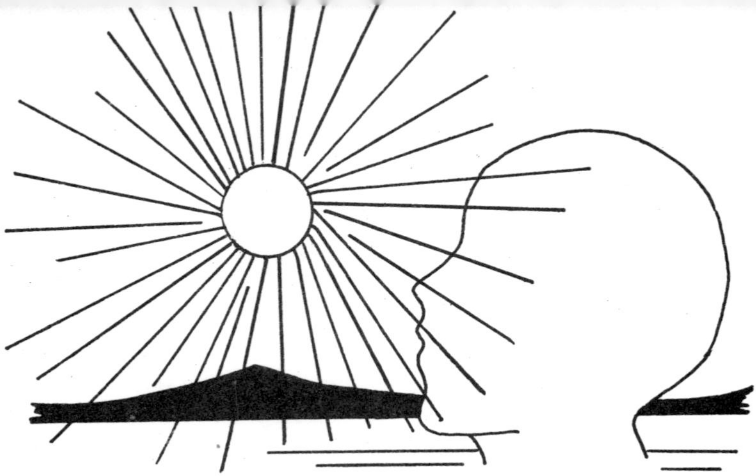

XXII – O PAPEL DOS ESPÍRITOS

"O papel dos Espíritos não é o de vos esclarecer sobre as coisas desse mundo, mas o de vos guiar com segurança no que vos pode ser útil para o outro. Quando vos falam das coisas desse mundo, é porque julgam necessário, mas não a vosso pedido. Se vedes nos Espíritos os substitutos dos adivinhadores e dos feiticeiros, então é certo que sereis enganados." - (O Livro dos Médiuns - *Segunda Parte - Cap. XXVII)*

Quando Moisés, o grande legislador hebreu, proibiu a evocação dos mortos, conforme pode-se ler no livro *Deuteronômio,* objetivava impedir que se vulgarizasse a comunicação entre os dois Planos da vida.

Os judeus, no exercício da mediunidade, entravam em contato com os Espíritos com tal facilidade que passaram a consultá-los sobre os mais comezinhos acontecimentos do cotidiano, eximindo-se de toda e qualquer responsabilidade em suas ações.

A maioria dos medianeiros daquela época, entretanto, cobravam pelos seus ofícios, estabelecendo um verdadeiro "comércio" entre os vivos e os "mortos", atraindo quase que somente Espíritos que nada poderiam acrescentar à moral de seu povo.

Moisés teve razões de sobra para fazer o que fez.

Os sensitivos judeus, já naquele tempo, simulavam comunicações aos seus consulentes, quando não lhes era possível obtê-las de maneira espontânea.

A situação que esboçamos acima não se alterou muito nos dias de hoje.

Médiuns que se dizem espíritas, valendo-se do prestígio conquistado pela Doutrina, à custa do sacrifício de seus verdadeiros adeptos, enxameiam em toda parte...

Distribuem panfletos pelas ruas das grandes cidades, dizendo-se clarividentes e curadores, capazes de solucionar os mais intrincados problemas de ordem afetiva...

Fixam preços para consultas, como se fossem respeitáveis profissionais que pudessem cobrar pelos seus serviços...

Edificam templos e colocam o nome de "espírita" na fachada...

O pior é que as pessoas, sempre correndo atrás do imediatismo terrestre, atraídas pelo maravilhoso e pelo sobrenatural, desejosas de se relacionarem com o desconhecido, deixam-se enganar, porque é sempre mais fácil estender a mão para uma leitura de "buena dicha", do que estendê-la no cumprimento do dever com o qual carecemos estar-em-dia.

Os médiuns espíritas devem se abster de comparecer a essas reuniões de caráter particular, onde os Espíritos que se manifestam são questionados da forma mais absurda, obrigando-se a detalhar a vida de cada um dos participantes com estranhas e surpreendentes revelações.

Os Espíritos esclarecidos não se comunicam com esta finalidade. A sua missão é a de orientar os homens para o bem, auxiliando-os em seu crescimento interior. E se consideram mesmo contrariados quando lhe são dirigidas perguntas de ordem material, retirando-se discretamente e deixando que outros Espíritos, tomando o seu lugar, as respondam como entenderem.

Os Espíritos que se prestam a essas sessões de frivolidade, são frívolos quanto os médiuns de que se servem.

Aqui necessitamos fazer pequena ressalva. Uma vez ou outra, Espíritos, prevalecendo-se do instante de recolhimento e do ambiente de preces de uma família, sentindo que existe a necessidade de sua palavra de encorajamento, principalmente quando esta família esteja atravessando uma provação difícil, podem envolver um médium presente e, por seu intermédio, transmitir a mensagem que julgam oportuna.

Os cristãos primitivos, nas catacumbas em que se reuniam, ou nos cultos que realizavam em suas comunidades, recebiam comunicados espirituais que os incentivavam no serviço da Boa Nova; dentro das próprias prisões, antes que fossem para a arena testemunhar com a vida a sua fé no Evangelho, diversos médiuns ficavam sintonizados com os Espíritos dos companheiros que os haviam antecedido no sacrifício, encorajando-os ao testemunho extremo.

Não é por falta de médiuns e nem por falta de Espíritos que os homens estarão privados de comunicação com o além-túmulo...Mas para que uma comunicação seja, de fato, considerada útil, é preciso que um Espírito sério se una a um médium cônscio de suas responsabilidades. E isto, infelizmente, não acontece com tanta freqüência.

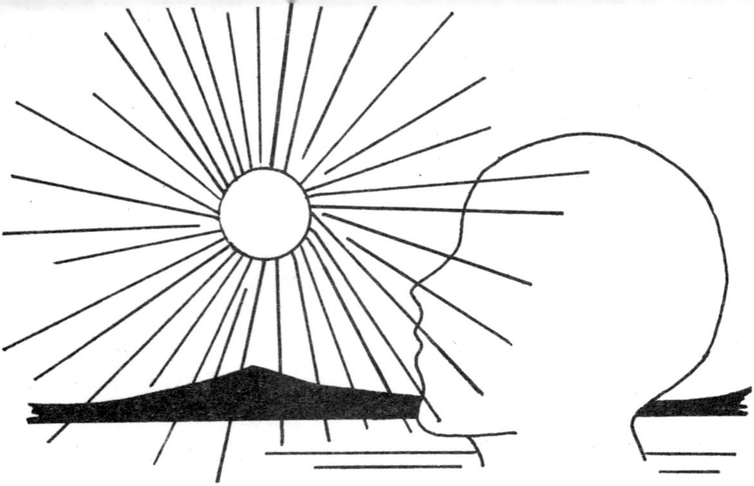

XXIII – MÉDIUNS INTERESSEIROS

"Os médiuns interesseiros não são unicamente aqueles que poderiam exigir uma retribuição fixa; o interesse não se traduz sempre pela esperança de um ganho material, mas também pela intenção ambiciosa de toda natureza sobre as quais se pode apoiar esperanças pessoais; aí está ainda um flanco que sabem muito bem agarrar os Espíritos zombeteiros e o qual aproveitam com uma habilidade, uma astúcia verdadeiramente notável, embalando com enganosas ilusões aqueles que assim se colocam sob sua dependência. Em resumo, a mediunidade é uma faculdade dada para o bem e os bons Espíritos se afastam de quem quer que pretenda fazer deles estribo para alcançar o que quer que seja, que não responda aos objetivos da Providência." - (O Livro dos Médiuns - *Segunda Parte - Cap. XVIII)*

Infelizmente, não são tão raros assim os médiuns que se utilizam de suas faculdades mediúnicas para escusos interesses.

Esses medianeiros, em conluio com os Espíritos levianos, insinuam-se junto às pessoas das quais esperam obter favores...

Criam, propositadamente, uma aura de misticismo em torno de si, tentando impressionar com a sua postura as mentes invigilantes que, pouco a pouco, caem, sem perceber, em suas armadilhas...

Esses médiuns, quando inclinam-se afetivamente para determinada pessoa, evocam as supostas vidas passadas que viveram em comum, falam de afinidades inexistentes, dizem-se almas-gêmeas em inesperado reencontro...

Valendo-se da invigilância desses infelizes companheiros da mediunidade, os Espíritos entretecem terríveis tramas obsessivas atingindo, não raro, famílias inteiras...

Desmantelam grupos...

Provocam escândalos...

Desertam de seus deveres...

Abalam a fé dos que estão ensaiando os seus primeiros passos na Doutrina...

É importante que as pessoas, antes de darem crédito a esse ou aquele médium, procurem observar o seu grau de desinteresse pessoal.

Os que buscam promover-se, ou remunerar-se de alguma forma, não podem estar agindo com sinceridade.

Quem cede pouco, acaba cedendo muito.

O médium que se habitua a aceitar presentes, corrompe-se.

Os verdadeiros amigos de um médium, são exatamente aqueles que permanecem ao seu lado, estendendo-lhes o coração no apoio de que ele necessita para continuar na tarefa. Nada além disto.

Os médiuns que aceitam muitas festas e homenagens para si, terminam se iludindo, esquecidos de que trazem ainda os próprios pés no chão...

Pés no chão! - eis o que um médium consciente de suas obrigações precisa ter.

Exemplos de medianeiros assim, embora raros, não faltam aos homens no mundo... Nunca procuraram badalações, nem querem ser nada além do que sempre foram – médiuns do Cristo na revivescência do Evangelho!

Não vamos aqui nos alongar desnecessariamente comentando sobre os médiuns que, ocultando-se sob a desculpa de que necessitam cobrir as despesas das instituições que fundaram, "aceitam" doações que, na verdade, induzem os outros a fazer... Não são doações; são veladas extorsões...

Em *Atos dos Apóstolos*, narra o apóstolo Lucas:

"(...) Não havia, pois, entre os apóstolos necessitado algum; porque todos os que possuíam herdades ou casas, vendendo-as, traziam o preço do que fora vendido, e o depositavam aos pés dos apóstolos.

E repartia-se por cada um, segundo a necessidade que cada um tinha.

(...) certo homem, chamado Ananias, com sua mulher Safira, vendeu uma propriedade. Mas, com a conivência da esposa, reteve parte do preço. Levando depois uma parte, depositou-o aos pés dos apóstolos. Disse-lhe então Pedro: 'Ananias, por que encheu Satanás o teu coração para mentires ao Espírito Santo, retendo parte do preço do terreno? Porventura, mantendo-o não permaneceria teu e, vendido, não continuaria em teu poder? Por que, pois, concebeste em teu coração este projeto? Não foi a homens que mentiste, mas a Deus.' Ao ouvir estas palavras, Ananias caiu e expirou. E um grande temor sobreveio a todos os que disto ouviram falar. Os jovens, acorrendo, envolveram o corpo e o retiraram, dando-lhe sepultura.

Passou-se um intervalo de cerca de três horas. Sua esposa, nada sabendo do que sucedera, entrou. Pedro interpelou-a: 'Dize-me, foi por tal preço que vendestes o terreno?' E ela respondeu: 'Sim, por tal preço.' Retrucou-lhe Pedro: 'Por que vos pusestes de acordo para tentardes o Espírito do Senhor? Eis à porta os pés dos que sepultaram teu marido; eles levarão também a ti.' No mesmo instante ela caiu a seus pés e expirou. Os jovens, que entravam de volta, encontraram-na morta; levaram-na e a enterraram junto a seu marido. Sobreveio então grande temor à Igreja inteira e a todos os que tiveram notícia destes fatos." (Cap. IV - vv. 34 e 35; cap. V - vv. 1 a 11)

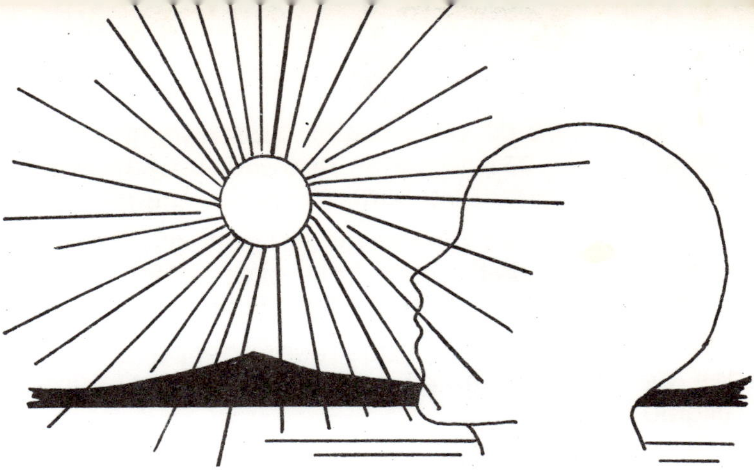

XXIV – MÉDIUNS FRACASSADOS

> *"Em resumo, repetimos, a melhor garantia está na moralidade notória dos médiuns e na ausência de todas as causas de interesse material ou de amor-próprio, que poderiam estimular nele o exercício das faculdades medianímicas que possui; porque essas mesmas causas podem animá-lo a simular as que não tem."* - (O Livro dos Médiuns - *Segunda Parte - Cap. XXVIII)*

Allan Kardec não se cansa de repetir que a moralidade dos médiuns é a melhor garantia contra a fraude no fenômeno.

Os próprios médiuns é que deveriam ser os primeiros a se conscientizar disto, evitando que, ludibriando os outros, ludibriassem a si mesmos. Sim, porque o médium que não crê em si é o maior dos descrentes...

Ao tempo do Codificador, o Espiritismo muito sofreu com os médiuns que foram flagrados simulando intercâmbio com o Mundo Espiritual.

Este assunto sempre foi um "prato cheio" para os adversários da Doutrina que, propositadamente, buscam confundir a opinião pública.

O Espiritismo não pode responder pelas atitudes de seus profitentes como, de resto, nenhuma religião o pode.

Sendo livre, qualquer um pode dizer-se adepto da Terceira Revelação e trabalhar segundo lhe aprouver.

Mas ninguém brinca com o Plano Espiritual impunemente!

Não há médium que consiga sustentar uma farsa por muito tempo... Se, a princípio, os Espíritos infelizes o auxiliam, acabam, mais tarde, por dominá-lo completamente, obrigando-o a satisfazer as suas ambições...

Acompanhem a trajetória dos médiuns interesseiros e observem como eles terminam os seus dias... Vampirizados pelas Entidades a que serviram, mostram-se doentes e dementados, quando não estirados nas sarjetas...

É lamentável a situação dos médiuns que chegam à Vida Espiritual, depois de terem falhado fragorosamente nas responsabilidades que, antes do retorno ao corpo, assumiram! É triste vê-los ensimesmados, recriminando-se por terem desperdiçado tão abençoada oportunidade de elevação!...

São esses médiuns fracassados que transformam-se nos Espíritos protetores das reuniões de desobsessão, responsabilizando-se pelo encaminhamento das Entidades que carecem de expressar-se... São eles que passam a proteger os grupos mediúnicos e os médiuns novatos, como se assim procurassem reparar, em parte, os deslizes cometidos; entretanto, só se satisfarão completamente quando a Lei Divina lhes facultar a bênção do recomeço.

Se a nossa palavra despretensiosa pode servir de orientação para alguém, que os médiuns, inexplicavelmente ausentes da tarefa, retomem-na o mais breve possível, não deixando a solução de semelhante problema para a Outra Vida... "Desenterrem" os talentos que lhes foram confiados e os multipliquem pelo suor do trabalho digno!

Que médium algum se sinta insignificante e, portanto, dispensável.

Deixe de ser "médium-problema", passando para os outros uma idéia distorcida da mediunidade e da Doutrina...

Existem pessoas que dizem assim: – "Fulano passou a freqüentar o Espiritismo e, invés de melhorar, piorou..."

Outras sentenciam, irônicas: – "Beltrano está precisando é de fazer um tratamento psiquiátrico e deixar esse *negócio* de mediunidade de lado..."

De fato, a mediunidade impõe ao médium determinada cota de sacrifício, mormente quando ele não tem a experiência necessária para lidar com os Espíritos... Mas quem sofre porque seja médium, se não o for sofrerá muito mais. Disto não tenhamos qualquer dúvida.

A mediunidade quando exercida com responsabilidade é um fator de equilíbrio espiritual!

A mediunidade só desequilibraria quem, porventura, já fosse desequilibrado.

Que ninguém diga: – "Fracassei na mediunidade"; "Tentei desenvolver-me mas não pude"; "A minha luta para perseverar era muito grande"; "Não obtive o apoio de que precisava"; "Quem sabe na outra encarnação"...

O médium que não alimenta outra pretensão que não seja o cumprimento de seu humilde dever, não fracassará!

Há médiuns que desistem da mediunidade, porque não conseguem ser os médiuns que gostariam de ser... Contentem-se com o que são e, um dia, serão o que desejam ser, desde que não abandonem o único caminho para isto: o trabalho que são chamados a executar, aqui e agora!

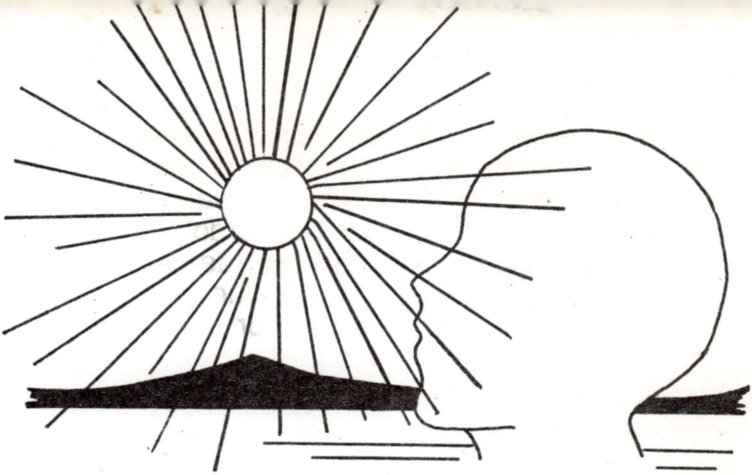

XXV – OS FALSOS PROFETAS DA MEDIUNIDADE

> *"Pode-se, pois, estabelecer em princípio que quem, em uma reunião espírita, provoque a desordem ou a desunião, ostensivamente ou subrepticiamente, por quaisquer meios, é, ou um agente provocador, ou pelo menos um muito mau espírita..."* - (O Livro dos Médiuns - *Segunda Parte - Cap. XXIX)*

Allan Kardec, em mais de uma oportunidade, alerta-nos para o fato de que os maiores adversários da Doutrina estariam dentro de suas próprias fileiras... Estes seriam aqueles em que o personalismo falaria mais alto; os que, criando movimentos paralelos, provocariam a desordem ou a desunião; os que, crendo-se investidos de mandatos missionários e inspirados pelos Espíritos Superiores, proporiam inovações doutrinárias ao Espiritismo...

De quando em vez, ali e alhures, despontam esses medianeiros que, sem nunca terem lido Kardec em profundidade, falam em sua superação; propõem-se a revisar a obra do Codificador, levantam estranhas bandeiras de separatividade, reclamam uma liderança que não possuem, chegando, para isto, ao cúmulo de evocar os seus pretensos dotes intelectuais e medianímicos...

Esses invigilantes confrades, sem o suspeitarem, são passivos instrumentos dos Espíritos que pugnam pelo atraso moral da Humanidade, desejosos de obstaculizar a marcha vitoriosa da Doutrina entre os homens, na libertação do pensamento ainda escravizado a preconceitos de toda espécie.

Faltando-lhes o bom senso que sobrava no Codificador, sem nenhuma auto-crítica para o conhecimento das próprias limitações e fascinados pela idéia de grandeza espiritual, – quais modernos Narcisos embevecidos com a própria beleza – ocupam a tribuna e freqüentam a imprensa como se fossem os donos absolutos da Verdade...

Esses *médiuns inovadores*, quase sempre acompanhados por um número razoável de adeptos, posto que no mundo há clientela para todas as idéias, nunca trazem consigo as marcas de um verdadeiro reformador; preocupam-se em copiar a energia de Allan Kardec e esquecem-se da humildade do grande mestre de Lyon...

Felizmente, por falta de eco, o barulho que provocam desaparece entre tantos outros dos que se rivalizam pelo poder, esquecidos da sublime lição de Jesus: "Todo aquele, pois, que se humilhar e se tornar pequeno como esta criança será o maior no reino do céus..."

Esses falsos profetas da mediunidade chegam, a fim de serem ouvidos, a proclamarem-se a reencarnação de Espíritos que se notabilizaram em existências progressas, já que na atual existência não possuem eles nenhum credencial de moralidade que os garanta...

Teóricos são e teóricos talvez continuarão sendo por toda a vida...

São capazes de proferir belos discursos sobre a fraternidade, mas não sabem o que seja partir o pão com as próprias mãos...

Os grupos que dominam, pouco ou quase nada produzem para a Doutrina...

Cercados por livros em seus gabinetes, verberam sentenças condenatórias contra os companheiros que lutam nas frentes de trabalho da caridade...

Enquanto discutem na superfície, devotados companheiros da mediunidade com Jesus manejam a charrua evangélica e arroteiam o solo das almas, nele deitando a boa semente que, no momento justo, frutificará...

As obras que escrevam ficarão empoeiradas nas estantes, por não se identificarem com as necessidades espirituais do povo...

Eles, os falsos profetas da mediunidade, passarão como passam as nuvens tocadas pelo vento...

Nenhuma tarefa que não tenha vínculo espiritual com o Cristo permanecerá!

Que ninguém projete as suas frustrações existenciais na Doutrina, maculando-a com os seus delírios de grandeza...

Que cada médium se aceite tal qual é, por fora e na intimidade de si mesmo, para vacinar-se contra a obsessão.

Creiam que, ainda aqui na Espiritualidade, onde presentemente nos encontramos, nós, os amigos desenfaixados do corpo físico, oramos todos os dias pedindo ao Senhor para que nos ensine qual seja o nosso lugar, não permitindo que, em nosso intercâmbio com os homens, nos iludamos quanto à nossa própria pequenez!